KOCHEN MIT AROMA BOMBEN

GIOVANNINA BELLINO

KOCHEN MIT AROMA BOMBEN

UNKOMPLIZIERT KOCHEN MIT SELBST GEMACHTEN WÜRZMISCHUNGEN

Herausgegeben von Race Point Publishing, ein Verlag von Quarto Publishing Group, USA
Originaltitel Cooking with Flavor Bombs

Übersetzung: Anja Neudert, www.text-matters.de
Text: Giovannina Bellino
Fotos: Evi Abeler
Food Styling: Charlotte Omnes

ISBN 978-3-7843-5508-5

MIX
Papier aus verantwortungsvollen Quellen
FSC® C016973

INHALT

EINLEITUNG

WAS IN DER GASTRONOMIE DAS KOCHEN BESCHLEUNIGT, BEKOMMEN SIE JETZT AUCH FÜR IHRE KÜCHE: PRAKTISCHE WÜRZMISCHUNGEN MIT DEN UNTERSCHIEDLICHSTEN GESCHMACKSRICHTUNGEN, KURZ „AROMABOMBEN“!

Ich war noch nie eine von denen, die sich einen ganzen Tag hinstellen, um Mahlzeiten für die nächste Woche vorzukochen. Allein der Gedanke an so viel Einkaufen, Vorbereiten und Kochen schreckt mich ab, ganz zu schweigen davon, wo ich all diese Mahlzeiten unterbringen soll. Aber ab und zu stelle ich in ein bis zwei Stunden einige Chargen Aromabomben her. Mit diesen praktischen Würfeln kann ich dann einen, manchmal sogar zwei Monate lang jeden Tag schnell und einfach für meine Familie kochen. Wenn ich nicht jedes Mal wieder Kräuter und Würzgemüse schälen, waschen, hacken und anschwitzen muss, spart mir das enorm viel Zeit.

Sie haben auch keine Lust mehr, Tag für Tag für jedes warme Gericht Zwiebeln, Knoblauch, Möhren, Sellerie und frische Kräuter vorzubereiten? Dann ist es Zeit für Aromabomben: Einmal herstellen und einfrieren und dann nur noch einwerfen!

Damit schmecken Ihre Gerichte so intensiv, dass Sie nach und nach weniger Salz und gekaufte Gewürzmischungen voller Konservierungsstoffe verwenden werden und stattdessen den vollen, runden Geschmack Ihrer EIGENEN Mischungen genießen.

Giovannina Bellino

WAS SIND AROMA BOMBEN?

Aromabomben sind Mischungen aus angeschwitztem Würzgemüse, frischen Kräutern oder Saucenreduktionen, die in Eiswürfelformen oder kleinen Dosen eingefroren werden. Sobald sie gefroren sind, füllen Sie sie in einen gut verschließbaren Behälter, und dann stehen sie jederzeit bereit, um Ihren Gerichten den richtigen Pep zu verleihen.

Die Zutaten können von Hand klein geschnitten, in der Küchenmaschine zerkleinert oder sogar im Mörser zerstoßen werden, je nachdem, wie fein oder grob Sie Ihre Aromabomben mögen. Frische Zutaten sind immer das Beste, aber mit Tiefkühlgemüse erreichen Sie ähnliche Ergebnisse. Kräuter hingegen sollten immer frisch sein.

Aromabomben eignen sich zum Verarbeiten von kostengünstigem Gemüse der Saison, aber auch für teure, exotische Gemüse, die Sie erst recht nicht verschwenden möchten. Und mit im Kühlschrank vor sich hinwelkenden Kräuterresten ist nun auch Schluss!

KOMPONENTEN EINER GUTEN AROMABOMBE

Eine gute Aromabombe vereint fünf Grundgeschmäcker in sich: süß, sauer, bitter, salzig und umami. Bei der Herstellung werden Sie lernen, diese Geschmäcker so deutlich wie nie zuvor herauszuschmecken. Scharf ist übrigens kein Geschmack, denn es spricht nicht die Geschmacksnerven, sondern die Schmerzrezeptoren an – dabei geht es also nur um die Frage, wie scharf Sie es gern haben!

SÜß: Von Gemüsesorten wie Zwiebeln und Möhren. Durch Anbraten werden sie süß im Geschmack.

SAUER: Von Essig und Zitrusfrüchten. Säure weckt die Zunge, bildet einen interessanten Kontrast zu kräftigen Aromen und macht fettige Speisen leichter.

BITTER: Von Zitronenschale, Kräutern und Blattgemüse. Bitterkeit kann als unangenehm empfunden werden, rundet jedoch kräftige Aromen ab und fügt eine weitere Geschmacksdimension hinzu.

SALZIG: Von natriumhaltigen Zutaten wie Sojasauce, Misopaste und sogar Sellerie. Salz verbindet und hebt den Geschmack der Zutaten, wenn es sparsam eingesetzt wird. Wirkt ähnlich wie umami.

UMAMI: Dieses japanische Wort bedeutet „schmackhaft" oder „würzig". Der fleischige, intensive Geschmack kommt in Misopaste, Sojasauce, Tomatenmark und getrockneten Pilzen vor.

ARTEN VON AROMABOMBEN

In diesem Buch kommen drei Arten von Aromabomben vor – Kräuterpesto, Gemüse sowie Brühe und Sauce –, in Geschmacksrichtungen aus der ganzen Welt. Zu allen Bomben gibt es ein Rezept, doch Sie können auch gern mit eigenen Mischungen experimentieren.

KRÄUTERPESTO-AROMABOMBEN

Das Wort „Pesto" kommt vom italienischen „pestare", „zerstampfen": Die Zutaten werden im Mörser zu einer Paste zermahlen. In diesem Kapitel finden Sie das klassische italienische Pesto, aber auch mediterrane, Thai-, Tex-Mex- und lateinamerikanische Versionen. Gemeinsam sind ihnen frische Kräuter, Würzgemüse und gutes Olivenöl. Manchmal wird für die kräftige Farbe und einen runden Geschmack glatte Petersilie zugegeben.

Pestorezepte lassen sich individuell anpassen. Nüsse und Käse können bei Bedarf weggelassen und alle anderen Zutaten in der Menge beliebig variiert werden. So lassen sich Kräuterpesto-Aromabomben einsetzen:

- Mit Öl oder Brühe verrührt als Marinade oder Salatdressing
- Als Trockenmarinade oder Kräutermantel für Braten
- In Füllungen und Panaden
- In Ravioli oder anderen gefüllten Teigtaschen
- Für Kräuterbutter, Würzöle oder Dips
- Beim Schmoren
- In Schongarer-Rezepten
- In Omeletts, Ausbackteig und Quiches
- Als Bruschetta-Belag
- Mit Mayonnaise, Senf oder Öl verrührt als Brotaufstrich

Diese Pesto-Kombinationen sollten Sie auch einmal probieren:

- Gremolata (Zitronenschale, Knoblauch und Petersilie)
- Rucola, Knoblauch und Walnüsse
- Mangold, Knoblauch und Pinienkerne
- Stängelkohl, Knoblauch und Rosinen
- Oliven, rote Paprika und Petersilie oder Basilikum
- Minze, Erbsen und Schalotten
- Rahmspinatpesto

Mit der folgenden Methode lassen sich unterschiedliche Kräuterpesto-Aromabomben gleichzeitig herstellen. Die genauen Zutaten und Schritte finden Sie im Kapitel „Kräuterpesto-Aromabomben".

NÜSSE RÖSTEN
In einer hohen Pfanne ohne Öl eine Sorte Nüsse nach der anderen 2 bis 3 Minuten bei mittlerer Hitze rösten. In separaten Schüsseln beiseitestellen.

WÜRZGEMÜSE ANSCHWITZEN
Knoblauch (mindestens 3 Knollen), Schalotten (etwa 5) und Zwiebeln (etwa 4) getrennt voneinander schälen und grob hacken. In der gleichen Pfanne jedes Würzgemüse mit Olivenöl leicht anschwitzen, bis es zu duften beginnt. In separaten Schüsseln beiseitestellen.

KRÄUTER ENTSTIELEN UND WASCHEN
Petersilie, Salbei, Koriander und Basilikum: Möglichst viel von den Stielen abschneiden und Blätter in eine große Schüssel mit kaltem Wasser zupfen. Vorsichtig waschen, ein paar Minuten stehen lassen, in einen Seiher abschöpfen und wiederholen. Seiher schütteln, Salatschleuder verwenden oder auf Küchenpapier trocknen – die Kräuter müssen nicht völlig trocken sein, nur nicht tropfnass.
Rosmarin und Oregano: Zweig in einer Hand halten und mit der anderen Hand entgegen der Wuchsrichtung die Blätter abstreifen (beim zarteren Oregano werden Sie auch einige Blätter einzeln abzupfen müssen). Waschen und trocknen wie oben beschrieben, doch wegen der kleinen Blätter statt Seiher ein feinmaschiges Sieb verwenden.
Ein großes Bund Petersilie, Koriander oder Salbei ergibt jeweils ca. 120 bis 180 g Blätter; Basilikum ergibt ca. 80 g Blätter pro Bund; Rosmarin oder Oregano ergeben ca. 40 g Blätter pro Bund (Rosmarin ist sehr kräftig, deshalb verlangt Ihr Rezept vielleicht sogar weniger).

GEMÜSE-AROMABOMBEN

Suppengrün, Soffritto oder Sofrito, Mirepoix, Holy Trinity ... diese internationalen Begriffe bedeuten im Grunde alle das Gleiche: eine Mischung aus verschiedenem angeschwitztem Gemüse. Das italienische „Soffritto“ und das spanische „Sofrito“ heißen in etwa „langsam braten“. Die spanische Version enthält immer Tomaten.

In den meisten Landesküchen gibt es eine traditionelle Kombination aus Würzzutaten. Das sind Kräuter, Gewürze und Gemüse wie Zwiebeln, Knoblauch und Schalotten, die in Öl angebraten werden und die Geschmacksgrundlage für das Gericht bilden. Durch das Garen in Fett werden die Aromen freigesetzt.

Aus der deutschen Küche kennen wir das Suppengrün, bestehend aus Möhren, Knollensellerie und Lauch. Typisch für die französische Küche ist die klassische Mirepoix, die sich in der kreolischen Küche/Cajun als „Holy Trinity“ wiederfindet. Beide enthalten Zwiebeln, Staudensellerie und Möhren (Frankreich) bzw. grüne Paprika (Cajun). Mirepoix eignet sich wunderbar als Beilage oder Füllung, verleiht Gemüse zusätzlichen Geschmack und Farbe und sorgt in Thunfisch- oder Geflügelsalat für ein kräftiges Aroma.

Mit Curry und Umami sind auch zwei Vertreter der asiatischen Küche dabei.
So lassen sich Gemüse-Aromabomben einsetzen:

- Zum Vermischen mit beliebiger Pasta oder Getreide als Beilage
- Zum Würzen von Füllungen
- Für den besonderen Pep in Gemüsegerichten
- Für ein kräftiges Aroma von Thunfisch-, Geflügel- und anderen Salaten
- Als Basis für Suppen, Eintöpfe und Schmorgerichte
- In Pfannengerichten, Omeletts, Quiches, Sandwiches und Panini

BRÜHE- UND SAUCEN-AROMABOMBEN

In diesem Kapitel finden Sie einige Grundzubereitungen, die jeder Koch und jede Köchin im Restaurant beherrschen muss: eine Béchamelsauce (helle Sauce) sowie Rinder-, Hühner- und Gemüsebrühe. Auch wer in der eigenen Küche ein schmackhaftes Gericht auf den Tisch bringen will, der hat mit einer richtig guten Sauce schon viel gewonnen.
Lassen Sie sich von den langen Kochzeiten bei den Brühe-Aromabomben nicht abschrecken. Eine Brühe ist absolut simpel in der Zubereitung. Sie kann bei niedriger Temperatur vor sich hin köcheln, während Sie Ihrem Tagwerk nachgehen und ab und zu umrühren. Manche lassen die Brühe über Nacht köcheln. Wenn Sie das nicht möchten, setzen Sie sie einfach gleich am Morgen an, und spätestens am Abend ist sie fertig.
Wenn Sie die Brühe bis auf die Hälfte reduzieren lassen, wird sie eine „Demi-glace". Mit den Brühe-Aromabomben haben Sie immer einen Vorrat zur Hand, mit dem sich eine Demi-glace und auf deren Grundlage die perfekte Pfannensauce herstellen lässt, und zwar ganz ohne gekaufte Brühe, die oft zu salzig und zu fettig ist und außerdem recht teuer sein kann. Durch die lange Kochzeit wird aus den Knochen die Gelatine gelöst, die die Brühe beim Abkühlen fest werden lässt und die spätere Sauce auf natürliche Weise bindet.
So lassen sich Brühe- und Saucen-Aromabomben einsetzen:

- Als Schmorflüssigkeit
- Als Grundlage für Pfannen- und Bratensaucen
- Als Kochflüssigkeit für Reis und Getreide
- Als Basis für Suppen oder einfach zum Trinken
- Vermischt mit Kräutern und Gewürzen als Marinade
- Als Bindemittel (Béchamel-Aromabombe)
- Für gehaltvollere Suppen oder Eintöpfe (Brühe)

HANDWERKSZEUG

Neben dem, was Sie bereits in Ihrer Küche haben – Pfannen, Töpfe, Schneidebretter, Messer usw. –, sind die folgenden Utensilien und Geräte hilfreich für die Herstellung, das Einfrieren und die Lagerung Ihrer selbst gemachten Aromabomben.

HERSTELLEN

MIXER/KÜCHENMASCHINE (MIT MESSER)/ZERKLEINERER: Besonders nützlich für Kräuterpesto-Aromabomben. Alternativ können Sie einen Mörser benutzen. Dieser eignet sich auch gut für die Herstellung kleiner Mengen aromatischer Pasten mit grober Konsistenz oder zum Mahlen von Gewürzen.

KÜCHENWAAGE: Eine Küchenwaage ist zum Abwiegen der Zutaten unerlässlich. Besonders praktisch sind digitale Waagen, die grammgenau messen.

MESSLÖFFEL: Mit speziellen Messlöffeln lassen sich Tee- und Esslöffelmengen genauer abmessen als mit den Löffeln aus dem Besteckkasten.

FEINMASCHIGES KÜCHENSIEB: Unerlässlich zur Herstellung von Brühe-Aromabomben.

SEIHER UND GROßE SCHÜSSEL: Diese beiden Hilfsmittel sind ganz wichtig zum Waschen, Spülen und Trocknen von Kräutern und Gemüse.

EINFRIEREN

EISWÜRFELFORMEN: Am besten eignen sich (Silikon-)Formen für große Würfel mit 3 cm Kantenlänge (30 ml), kleinere oder noch größere sind aber genauso nützlich.

PLASTIK-EIERSCHACHTELN: Die Vertiefungen haben genau die richtige Größe. Sie eignen sich perfekt für ölige oder sehr kräftig schmeckende Bomben, weil sie nach der Verwendung entsorgt werden können.

KLEINE PLASTIKBECHER: Wenn Sie sich Essen liefern lassen, erhalten Sie Saucen und Dips oft in kleinen Bechern mit Deckel – auch diese eignen sich gut für Aromabomben.

BACKPAPIER: Wenn Sie keine geeigneten Formen besitzen, können Sie Ihre Mixturen auch auf das Papier löffeln und so einfrieren.

LAGERN

Die gefrorenen Bomben füllen Sie in luftdichte Behälter oder verschließbare Gefrierbeutel. Sie halten sich bis zu ein Jahr im Tiefkühler. Achtung: Beschriften nicht vergessen!

AROMABOMBEN VERWENDEN

Zu jedem Aromabomben-Rezept ist angegeben, wie viel Masse insgesamt (in Gramm bzw. Liter) es ergibt. In den Rezepten für die Gerichte werden die Bomben als Zutat aufgeführt, also z. B. 1 Salbei-Aromabombe oder 4 Hühnerbrühe-Bomben. Dabei gilt immer: 1 Bombe = ca. 30 ml (großer Eiswürfel). Wenn 4 Bomben im Rezept stehen, brauchen Sie also ca. 120 ml. Wenn Sie zum Einfrieren kleinere Formen verwendet haben, verwenden Sie entsprechend mehr Würfel. Aromabomben sind komprimierte, karamellisierte oder reduzierte Mischungen, deshalb können kleine Mengen große Wirkung haben. Sie lassen sich in simplen Gerichten genauso gut einsetzen wie in aufwendigen Menüs. Und so geht's:

- Zum Vermischen mit anderen Zutaten tauen Sie Ihre Bomben 30 Sekunden in der Mikrowelle auf. Bei Suppe, Eintopf oder Sauce können Sie die Bomben auch gleich gefroren zugeben.
- Gerichte, die schon fertig sind, denen aber noch das gewisse Etwas fehlt, sind ihr ideales Einsatzgebiet.
- Geben Sie statt mehr Salz und/oder Fett einfach eine Bombe an Ihr Essen.

KEINE VERSCHWENDUNG MEHR!

Wenn der Tiefkühlschrank voller vorbereiteter Bestandteile ist, lassen sich im Handumdrehen leckere Gerichte zaubern. Außerdem werden Sie anfangen, selbst mit dem Mischen von Geschmäckern zu experimentieren. Reste von fertigen Gerichten lassen sich später wieder in neue Kreationen verwandeln. Wenn Sie sich einmal angewöhnt haben, überschüssiges Gemüse und Reste aufzubewahren, entsteht in Ihrem Tiefkühler ein toller Vorrat aromatischer Komponenten, die Ihnen Zeit und Geld sparen und auch noch die Umwelt schonen.

ÜBERSCHÜSSIGES GEMÜSE

Wenn Sie beim Einkaufen auf dem Wochenmarkt zu übermütig waren oder einen Garten haben, der Unmengen Gemüse abwirft, haben Sie jetzt eine Möglichkeit, das alles zu verarbeiten. Einige Tipps:

- Kräuter waschen und trockentupfen; im Mixer zerkleinern, auf einem Backblech ausbreiten und einfrieren. Wenn sie gefroren sind, in eine Dose umfüllen. Bei Bedarf beim Kochen zufügen.
- Zwiebeln, Knoblauch oder Schalotten bräunen und einfrieren.

- Für Sauce und Schmorgerichte überreife Tomaten 45 Minuten lang in Salzwasser köcheln und abkühlen lassen, zerdrücken, etwas Flüssigkeit abgießen, ggf. pürieren und einfrieren.

- Lauch (auch das Grüne) klein schneiden, waschen und einfrieren; dann in Öl oder Butter anschwitzen oder in Suppen und Eintöpfen verwenden.

- Blumenkohl ist sehr ergiebig: klein schneiden und einfrieren; für Low-Carb-„Reis" (roh) im Mixer häckseln, einfrieren und später dämpfen; oder Blumenkohl-„Steaks" schneiden, einfrieren und später mit Öl bestreichen, würzen und grillen.

- Pilze anschwitzen, hacken oder in Scheiben schneiden und einfrieren.

- Kräuterstiele, Brokkolistängel, Sellerieblätter und Möhrenschalen köcheln lassen – so entsteht eine schnelle Gemüsebrühe. Abseihen und Brühe in Eiswürfelformen einfrieren.

- Überschüssiges Gemüse lässt sich mit dem Mixer zu Gemüsekonzentrat verarbeiten. Mit Sojasauce, Tomatenmark und/oder Salz vermischen; in Eiswürfelformen oder löffelweise auf Backpapier einfrieren; bei Bedarf Gerichte damit aufpeppen.

RESTE

Gewöhnen Sie sich an, auch unscheinbare Reste einzufrieren! Zum Beispiel ein paar Löffel einer tollen Bratensauce, das von der Hühnersuppe abgenommene Fett, Reste von Marinaden oder Kräutermischungen. Auch kleine Mengen Füllung oder Gemüse lassen sich später schmackhaft kombinieren und durch Pürieren zu einer Sauce oder Panade verarbeiten.

- Meeresfrüchteöl: Garnelen- und Hummerschalen mit einer Möhre, etwas Staudensellerie und Petersilie in Öl köcheln lassen.
- Für eine Brühe Garnelen- und Hummerschalen in Butter anschwitzen und zusammen mit Gemüse in Wasser köcheln lassen. Abgießen und in Eiswürfelformen einfrieren.
- Niemals Brot wegwerfen! Grob zerteilen und im Mixer daraus frische Semmelbrösel herstellen. Nach Belieben z. B. mit geriebenem Parmesan, Kräutern, Salz und Pfeffer würzen.
- Aus den Knochen eines Brathähnchens lässt sich eine schnelle Hühnerbrühe herstellen.
- Reste selbst gemachter Tomatensauce in kleinen Portionen einfrieren: Gibt einen tollen Geschmack in Hackfleisch und dunklen Saucen.

KRÄUTER-PESTO AROMA BOMBEN

BASILIKUM
AROMA
BOMBE
THAI
AROMA
BOMBE
CHIMICHURRI
AROMA
BOMBE

BASILIKUM AROMABOMBE

ERGIBT CA. 400 G

- **70 g Pinienkerne**
- **120 bis 180 ml natives Olivenöl extra**
- **70 bis 100 g Knoblauch, grob gehackt**
- **40 g Basilikumblätter**
- **60 g glatte Petersilie, ohne Stiele**
- **50 g Pecorino Romano, gerieben**
- **Salz nach Geschmack**
- **Pfeffer nach Geschmack**

1. Pinienkerne in einer hohen Pfanne ohne Öl 2 bis 3 Minuten bei mittlerer Hitze leicht rösten. Entnehmen und beiseitestellen.

2. In der gleichen Pfanne die Hälfte des Olivenöls erhitzen und Knoblauch 2 bis 3 Minuten bei mittlerer Hitze leicht anschwitzen. Entnehmen und beiseitestellen.

3. Basilikum und Petersilie im Mixer kurz grob zerkleinern, dann Käse, Pinienkerne, Knoblauch, restliches Olivenöl sowie Salz und Pfeffer zugeben und weitermixen bis zur gewünschten Konsistenz. Nicht pürieren.

4. Pesto in Eiswürfelformen oder kleine Dosen füllen oder auf Backpapier löffeln und einfrieren. Wenn die Aromabomben gefroren sind, in einen luftdichten Behälter oder verschließbare Gefrierbeutel umfüllen.

BASILIKUM AROMABOMBE

SPAGHETTI FRITTATA

4 BIS 6 PORTIONEN

- **230 g Spaghetti, Linguine oder Capellini (oder Reste gekochter Nudeln ohne Sauce)**
- **6 Eier**
- **2 EL (30 ml) Sahne oder Milch**
- **Salz nach Geschmack**
- **Pfeffer nach Geschmack**
- **1 Basilikum-Aromabombe**
- **50 g Parmesan oder Pecorino Romano, gerieben**
- **60 ml natives Olivenöl extra**
- **40 g Pancetta, Prosciutto oder Salami**
- **35 g Pinienkerne**

1. Spaghetti kochen, abgießen und beiseitestellen.

2. Die Eier in einer Schüssel mit Sahne bzw. Milch, Salz und Pfeffer verquirlen. Basilikum-Aromabombe und 25 g geriebenen Käse unterrühren. Beiseitestellen.

3. In einer großen antihaftbeschichteten, ofenfesten Pfanne 2 EL (30 ml) Olivenöl bei mittlerer Hitze erhitzen und Pancetta und Pinienkerne kurz anschwitzen. Entnehmen und beiseitestellen.

4. Backofen auf 180 °C (Gasherd Stufe 3) vorheizen.

5. Restliche 2 EL (30 ml) Olivenöl in die Pfanne geben. Spaghetti hinzufügen und verteilen. Kurz braten lassen, damit die Nudeln an der Unterseite Farbe bekommen.

6. Eiermasse über die Spaghetti geben. Mit einem Pfannenwender gleichmäßig verteilen und etwas einarbeiten. Weiter garen, bis das Ei gestockt ist. Dabei ähnlich wie bei einem Omelett hin und wieder den Rand lösen.

7. Pancetta, Pinienkerne und restliche 25 g geriebenen Käse gleichmäßig auf die Frittata streuen. Pfanne in den Ofen stellen und Frittata backen lassen, bis die Oberseite goldbraun ist (ca. 10 Minuten).

BASILIKUM AROMABOMBE

LINGUINE MIT MUSCHELSAUCE

4 PORTIONEN

- **18 Venusmuscheln oder Miesmuscheln**
- **120 ml natives Olivenöl extra**
- **450 g Garnelen, geschält und entdarmt (optional)**
- **Salz nach Geschmack**
- **Pfeffer nach Geschmack**
- **1 Basilikum-Aromabombe**
- **235 ml Wasser**
- **180 g Muscheln aus dem Glas, gehackt (optional)**
- **1 Packung (500 g) Linguine**

ABGEWANDELT

Für eine rote Muschelsauce fügen Sie der Sauce eine Dose (400 g) stückige Tomaten hinzu und lassen sie mit den gehackten Muscheln ca. 20 Minuten köcheln.

1. Muscheln gründlich waschen und abtropfen lassen. Geöffnete Muscheln entsorgen.

2. Mittelgroßen Topf auf mittlerer Stufe erhitzen. Garnelen, falls verwendet, in etwas Olivenöl anbraten, 1 Minute pro Seite. Salzen und pfeffern, entnehmen und beiseitestellen.

3. Restliches Olivenöl, Basilikum-Aromabombe und 235 ml Wasser in den Topf geben. Unter Rühren 1 Minute köcheln lassen. In einem großen Topf Salzwasser zum Kochen bringen.

4. Muscheln in den Topf geben. Abdecken und Muscheln dämpfen, bis sie sich öffnen (ca. 5 Minuten). Muscheln, die sich nicht öffnen, entsorgen.

5. Sobald sich die Muscheln öffnen, aus dem Topf nehmen und beiseitestellen; Muscheln werden sehr schnell zäh. (Übrigens sind sie mit etwas Sauce aus dem Topf auch jetzt schon sehr lecker!)

6. Gehackte Muscheln, falls verwendet, in die Sauce geben und 2 Minuten leicht köcheln lassen. Garnelen wieder hinzufügen.

7. Linguine al dente kochen. Abgießen und in eine Servierschüssel geben.

8. Etwas Sauce über die Nudeln löffeln und vermischen. Muscheln hinzufügen und mit Sauce beträufeln. (Alternativ: Muscheln aus den Schalen entnehmen und direkt zur Sauce geben.) Sofort servieren.

BASILIKUM AROMABOMBE

GEFÜLLTE CHAMPIGNONS

4 BIS 6 PORTIONEN

- 1 Pfund weiße Champignons (mind. 24 große Pilze)
- 120 ml natives Olivenöl extra + zusätzliches zum Beträufeln
- 2 EL (30 g) Butter
- Salz nach Geschmack
- Pfeffer nach Geschmack
- 2 EL (30 ml) Sojasauce
- 1 Basilikum-Aromabombe
- 120 g frische Semmelbrösel
- 50 g Parmesan, gerieben
- 2 EL (30 g) Ricotta

1. Backofen auf 180 °C (Gasherd Stufe 3) vorheizen.

2. Stiele vorsichtig aus den Champignons herausbrechen.

3. Stiele putzen, abspülen und mit dem Messer oder Mixer fein hacken.

4. Pilzköpfe sauberbürsten, abspülen und trockentupfen. Ein Backblech mit Öl beträufeln, Pilzköpfe darauf verteilen und 8 Minuten backen. Dabei schrumpfen sie und geben etwas Saft ab. Beiseitestellen und Saft auffangen. Ofentemperatur auf 190 °C (Gasherd Stufe 3/4) erhöhen.

5. Butter und 60 ml Olivenöl bei mittlerer Hitze in einer hohen Pfanne erhitzen. Gehackte Pilzstiele zusammen mit Salz und Pfeffer hinzufügen und anschwitzen, bis sie leicht gebräunt sind. Sojasauce, ca. 1 EL (15 ml) vom Pilzsaft und die Basilikum-Aromabombe hinzufügen. Weiter dünsten, bis die Flüssigkeit verkocht ist und ein kräftiger Duft aufsteigt (2 bis 3 Minuten).

6. Pfanne von der Platte nehmen. Semmelbrösel und geriebenen Parmesan zugeben und unterrühren. Ricotta unterrühren und dabei noch etwas vom Pilzsaft und die restlichen 60 ml Olivenöl zugeben, damit die Füllung nicht zu trocken wird. Mit Salz und Pfeffer abschmecken.

7. Pilzköpfe füllen und mit Olivenöl beträufeln. Im Backofen ca. 5 Minuten backen, bis die Oberseite leicht braun wird.

BASILIKUM AROMABOMBE

QUINOA-BÄLLCHEN

ERGIBT 8 BÄLLCHEN

- **170 g Quinoa**
- **475 ml Wasser oder Hühnerbrühe (für eine festere Quinoamasse 425 ml verwenden)**
- **1 Basilikum-Aromabombe**
- **225 g Fontina (milder, halbfester Schnittkäse)**
- **1 Ei, verquirlt**
- **30 g Mehl**
- **60 ml natives Olivenöl extra**

1. Quinoa in einem feinmaschigen Sieb waschen. Zusammen mit dem Wasser oder der Brühe in einem mittelgroßen Topf aufkochen. Hitze reduzieren und abgedeckt köcheln lassen, bis die gesamte Flüssigkeit aufgenommen wurde (10 bis 15 Minuten).

2. Basilikum-Aromabombe unterrühren und Quinoamasse etwas abkühlen lassen.

3. Aus der Masse 8 Bällchen mit ca. 4 cm Durchmesser formen.

4. Fontina in 8 Würfel schneiden. In jedes Quinoa-Bällchen eine Vertiefung drücken, Käsewürfel hineinsetzen und Bällchen wieder schließen.

5. Quinoa-Bällchen durch das verquirlte Ei ziehen und im Mehl wenden.

6. In einer kleinen Pfanne bei mittlerer bis starker Hitze Olivenöl erhitzen und Bällchen goldbraun braten (ca. 3 Minuten). Dabei häufig wenden. Sofort servieren.

ROSMARIN AROMABOMBE

ERGIBT CA. 400 G

- 2 Zitronen
- 70 g Pinienkerne
- 180 ml natives Olivenöl extra
- 75 g Knoblauch, grob gehackt
- 40 g frischer Rosmarin, ohne Stiele
- 60 g Petersilie, ohne Stiele
- Salz nach Geschmack
- Pfeffer nach Geschmack

1. Zitronenschale über Backpapier abreiben, danach Saft auspressen. Das sollte ca. 2 EL (12 g) Zitronenschale und 120 ml Zitronensaft ergeben. Beiseitestellen.

2. Pinienkerne in einer hohen Pfanne ohne Öl 2 bis 3 Minuten bei mittlerer Hitze leicht rösten. Entnehmen und beiseitestellen.

3. In der gleichen Pfanne in 6 EL (90 ml) Olivenöl den Knoblauch 2 bis 3 Minuten bei mittlerer Hitze leicht anschwitzen. Entnehmen und beiseitestellen.

4. Rosmarin und Petersilie im Mixer kurz grob zerkleinern, dann Zitronenschale und -saft, Pinienkerne, Knoblauch, restliche 6 EL (90 ml) Olivenöl sowie Salz und Pfeffer zugeben und weitermixen bis zur gewünschten Konsistenz. Nicht pürieren.

5. Pesto in Eiswürfelformen oder kleine Dosen füllen oder auf Backpapier löffeln und einfrieren. Wenn die Aromabomben gefroren sind, in einen luftdichten Behälter oder verschließbare Gefrierbeutel umfüllen.

ROSMARIN FOCACCIA

4 BIS 6 PORTIONEN

- **150 g Dattel- oder Kirschtomaten (ca. 12 Stück)**
- **2 EL (30 ml) natives Olivenöl extra + zusätzliches zum Fetten, Verdünnen und Beträufeln**
- **Salz nach Geschmack**
- **Pfeffer nach Geschmack**
- **450 g fertigen Pizzateig bei Raumtemperatur**
- **1 Rosmarin-Aromabombe**
- **12 Kalamata-Oliven oder andere entsteinte Oliven in Öl, halbiert**

1. Backofen auf 190 °C (Gasherd Stufe 3/4) vorheizen.

2. Tomaten waschen, abtrocknen und halbieren. Mit 2 EL (30 ml) Olivenöl beträufeln, salzen und pfeffern, alles gut vermischen und in einer Lage auf einem Backblech ausbreiten. Ca. 15 Minuten rösten, bis die Tomaten braun werden.

3. Kleines Backblech (ca. 25 × 30 cm) mit Olivenöl einfetten und Pizzateig mit den Fingern darin ausbreiten. Zunächst wird der Teig sich dagegen sträuben – nicht aufgeben! Teig 10 Minuten ruhen lassen.

4. Rosmarin-Aromabombe mit so viel Olivenöl verrühren, dass das Ganze fließfähig wird.

5. Mit den Fingerspitzen Vertiefungen in den Teig drücken. Mit der Mischung aus Rosmarin-Aromabombe und Öl bestreichen. Oliven und Tomaten auf dem Teig verteilen. Noch einmal mit Olivenöl beträufeln und 30 Minuten gehen lassen.

6. Backofen auf 230 °C (Gasherd Stufe 5/6) vorheizen.

7. Focaccia salzen und pfeffern und 10 Minuten backen. Temperatur auf 180 °C (Gasherd Stufe 3) reduzieren und weitere 10 Minuten backen, bis die Focaccia goldbraun ist. Auf einem Gitter abkühlen lassen, damit die Unterseite trocknet und knusprig wird.

ROSMARIN AROMABOMBE

LAMMKARREE AUS DEM OFEN

3 BIS 4 PORTIONEN

- **2 Lammkarrees (680 g)**
- **60 ml natives Olivenöl extra**
- **Salz nach Geschmack**
- **Pfeffer nach Geschmack**
- **60 g frische Semmelbrösel**
- **1 Rosmarin-Aromabombe**

1. Backofen auf 220 °C (Gasherd Stufe 5) vorheizen.

2. Lammkarrees mit 2 EL (30 ml) Olivenöl bestreichen, salzen und pfeffern. In einer großen Pfanne bei mittlerer Hitze ca. 1 Minute pro Seite bräunen.

3. In einer kleinen Schüssel die Semmelbrösel, die Rosmarin-Aromabombe und die restlichen 2 EL (30 ml) Olivenöl vermischen. Mit Salz und Pfeffer abschmecken.

4. Mischung auf die Lammkarrees streichen. Fleisch in einen Bräter geben.

5. Das Lamm mit der Kräuterkruste nach oben 15 bis 20 Minuten backen, bis die Kerntemperatur 55 °C erreicht. (Dann ist das Fleisch innen medium. Wer es durchgegart mag, verlängert die Garzeit.) Vor dem Anschneiden 5 bis 10 Minuten ruhen lassen.

ROSMARIN-KARTOFFELECKEN

4 PORTIONEN

- **1 Rosmarin-Aromabombe**
- **120 bis 175 ml natives Olivenöl extra**
- **1 bis 1,5 kg Kartoffeln**
- **Salz nach Geschmack**
- **Pfeffer nach Geschmack**

1. Backofen auf 200 °C (Gasherd Stufe 4) vorheizen.

2. In einem Messbecher die Rosmarin-Aromabombe mit dem Olivenöl glattrühren.

3. Kartoffeln halbieren und dann die Hälften in Drittel oder Viertel schneiden, um Kartoffelecken zu erhalten. 8 bis 10 Minuten in der Mikrowelle vorgaren und dann in einer Lage auf einem Backblech ausbreiten.

4. Kartoffeln 15 Minuten lang backen. Aus dem Ofen nehmen und mit der verdünnten Rosmarin-Aromabombe, Salz und Pfeffer vermischen. Weitere 30 bis 40 Minuten backen, bis die Kartoffeln außen gebräunt und innen weich sind. Dabei das Blech nach der Hälfte der Backzeit einmal drehen.

TIPP VOM PROFI

Besonders knusprig werden die Kartoffeln, wenn sie vor dem Servieren noch 1 bis 2 Minuten in der heißen Pfanne geschwenkt werden.

SALBEI AROMABOMBE

ERGIBT CA. 400 G

- 50 g Pekannüsse (ersatzweise Walnüsse)
- 180 bis 235 ml natives Olivenöl extra
- 100 g Schalotten, grob gehackt
- 80 g Salbeiblätter
- 60 g Petersilie, ohne Stiele
- Salz nach Geschmack
- Pfeffer nach Geschmack

1. Pekannüsse in einer hohen Pfanne ohne Öl ca. 3 Minuten bei mittlerer Hitze leicht rösten. Entnehmen und mit dem Messer oder Mixer grob hacken. Beiseitestellen.

2. In der gleichen Pfanne in der Hälfte des Olivenöls die Schalotten ca. 2 Minuten bei mittlerer Hitze leicht anschwitzen, bis sie duften. Entnehmen und beiseitestellen.

3. Salbei und Petersilie im Mixer kurz grob zerkleinern, dann Pekannüsse, Schalotten, restliches Olivenöl sowie Salz und Pfeffer zugeben und weitermixen bis zur gewünschten Konsistenz. Nicht pürieren.

4. Pesto in Eiswürfelformen oder kleine Dosen füllen oder auf Backpapier löffeln und einfrieren. Wenn die Aromabomben gefroren sind, in einen luftdichten Behälter oder verschließbare Gefrierbeutel umfüllen.

SALBEI AROMABOMBE

LENDENBRATEN VOM SCHWEIN

4 BIS 6 PORTIONEN

- 1 bis 1,5 kg Schweinelende ohne Knochen
- Salz nach Geschmack
- Pfeffer nach Geschmack
- 1 Salbei-Aromabombe
- 225 g Mayonnaise

TIPP VOM PROFI

Wir verwenden hier die LENDE, nicht nur das FILET (die innere Lendenmuskulatur). Lende ist etwas fetter und daher saftiger und geschmacksintensiver. Zum Grillen eignet sich Filet besser.

1. Backofen auf 160 °C (Gasherd Stufe 2) vorheizen.
2. Braten salzen und pfeffern. Salbei-Aromabombe mit Mayonnaise glattrühren und die Mischung auf dem Braten verteilen.
3. In einem Bräter oder auf einem Backblech ca. eine Stunde backen, bis die Kerntemperatur (mit einem Fleischthermometer gemessen) 63 bis 66 °C erreicht. Beim Ruhen gart das Fleisch noch weiter.
4. Braten vor dem Anschneiden 5 bis 10 Minuten ruhen lassen.

SALBEI AROMABOMBE

GEBRATENES WELSFILET

2 BIS 4 PORTIONEN

- 2 Welsfilets (je ca. 230 bis 280 g)
- 1 Salbei-Aromabombe
- Salz nach Geschmack
- Pfeffer nach Geschmack
- 240 g frische Semmelbrösel (oder Mischung aus Panko und getrockneten Semmelbröseln)
- 2 Eier
- 2 EL (30 ml) Sahne oder Milch
- 120 ml Raps- oder anderes Pflanzenöl
- 60 g Butter

TIPP VOM PROFI

Mit langweiligem Backfisch haben diese Filets nichts zu tun. Frische Semmelbrösel und die würzige Aromabombe ergeben eine unvergleichliche Kruste.

1. Filets abspülen und trockentupfen.
2. Auf einem großen, flachen Teller die Hälfte der Salbei-Aromabombe, Salz und Pfeffer sowie die Semmelbrösel vermischen.
3. In einer Schüssel, die groß genug für die Filets ist, die andere Hälfte der Salbei-Aromabombe mit den Eiern, der Sahne bzw. Milch sowie Salz und Pfeffer verrühren. Filets einlegen. Mit einer Gabel die Filets rundherum einstechen und dabei wenden, bis sie überall von der Eimasse überzogen sind.
4. Filets einzeln entnehmen und mit der Semmelbröselmischung panieren. Dabei die Panade dick auf den Fisch drücken. Fertig panierte Filets beiseitelegen.
5. In einer großen antihaftbeschichteten Pfanne bei mittlerer bis starker Hitze das Öl und die Butter erhitzen. Wenn ein Semmelbrösel zu brutzeln beginnt, stimmt die Temperatur. Das Öl darf nicht rauchen!
6. Filets auf jeder Seite 3 bis 4 Minuten braten, bis sie goldbraun sind. Dabei mithilfe von zwei Pfannenwendern vorsichtig wenden.
7. Gebratene Filets auf einer Platte anrichten und salzen. Am Tisch portionieren.

SALBEI AROMABOMBE

HÄHNCHENBRUST-FILETS AUS DEM OFEN

3 BIS 4 PORTIONEN

- **1 Salbei-Aromabombe**
- **1 Mirepoix Aromabombe (Seite 102)**
- **120 ml natives Olivenöl extra oder 120 g weiche Butter**
- **6 Hähnchenbrustfilets (je 170 g)**
- **Salz nach Geschmack**
- **Pfeffer nach Geschmack**

1. Backofen auf 160 °C (Gasherd Stufe 2) vorheizen.

2. In einer kleinen Schüssel die Salbei- und die Mirepoix-Aromabombe mit dem Olivenöl oder der Butter vermischen.

3. Hähnchenbrustfilets von Fett und Sehnen befreien, abspülen und trockentupfen. Nebeneinander auf ein Backblech mit hohem Rand legen.

4. Aromabomben-Mischung gleichmäßig auf dem Fleisch verteilen. Salzen und pfeffern. Blech mit Alufolie abdecken und 30 bis 40 Minuten backen, bis die Kerntemperatur 74 °C erreicht. Dabei das Blech nach der Hälfte der Backzeit einmal drehen. Folie entfernen und zum Bräunen weitere 10 Minuten backen.

RESTE?

Reste lassen sich gut zu Geflügelsalat verarbeiten. Für ein Geflügelragout das Hähnchen würfeln und mit 2 Béchamel-Aromabomben (Seite 116), dem Fleischsaft, 60 ml Sahne und 60 ml Milch köcheln lassen. Nach Belieben gegartes Gemüse zugeben und mit Nudeln oder Reis servieren oder zu Pot Pie verarbeiten (Teig siehe Seite 69, 10 Minuten backen).

THAI AROMABOMBE

ERGIBT CA. 400 G

- **180 ml natives Olivenöl extra**
- **70 g Knoblauch, grob gehackt**
- **40 g Thai-Basilikum-Blätter (alternativ ital. Basilikum)**
- **60 g Koriandergrün, ohne Stiele**
- **120 ml Kokosmilch**
- **50 g Zitronengras, in Ringe geschnitten**
- **60 ml Limettensaft (Saft von einer Limette mit etwas Fruchtfleisch)**
- **3 EL (18 g) Ingwer, geschält und grob gehackt**
- **2 EL (30 ml) Fischsauce**
- **2 EL (30 ml) Sojasauce**
- **2 EL (32 g) Erdnussbutter**
- **2 TL Chiliflocken**
- **½ TL Currypulver**
- **Salz nach Geschmack**
- **Pfeffer nach Geschmack**

1. In einem mittelgroßen Topf bei mittlerer Hitze 6 EL (90 ml) Olivenöl erhitzen und den Knoblauch 2 bis 3 Minuten leicht anschwitzen. Entnehmen und beiseitestellen.

2. Basilikum und Koriander im Mixer kurz grob zerkleinern, dann alle anderen Zutaten einschl. Knoblauch und restlicher 6 EL (90 ml) Olivenöl zugeben. Weitermixen bis zur gewünschten Konsistenz. Nicht pürieren.

3. Pesto in Eiswürfelformen oder kleine Dosen füllen oder auf Backpapier löffeln und einfrieren. Wenn die Aromabomben gefroren sind, in einen luftdichten Behälter oder verschließbare Gefrierbeutel umfüllen.

TIPP VOM PROFI

Zitronengras vorbereiten: Unten so viel abschneiden, bis die violetten Ringe sichtbar werden. Nur die untersten ca. 10 cm des Stängels werden verwendet, oberes Ende abschneiden. Alle trockenen oder harten Schichten entfernen und dann in dünne Ringe schneiden.

THAI AROMABOMBE

GARNELEN-ZUCKERSCHOTEN-PFANNE

4 PORTIONEN

- 450 g große Garnelen, geschält und entdarmt (ca. 16)
- 450 g Jakobsmuscheln
- Salz nach Geschmack
- Pfeffer nach Geschmack
- 2 EL (30 ml) natives Olivenöl extra
- 1 Thai-Aromabombe
- 1 EL (15 ml) Kokosmilch
- 1 EL (15 ml) Sojasauce
- ½ TL Kreuzkümmel
- ¼ TL Currypulver
- 450 g Zuckerschoten (aufgetaute TK-Ware oder frisch)
- 450 g rote Paprika, in Streifen (aufgetaute TK-Ware oder frisch)

FORTSETZUNG >>>

1. Garnelen und Jakobsmuscheln getrennt voneinander abspülen und trockentupfen. Salzen und pfeffern.

2. In einer großen Pfanne bei mittlerer Hitze 1 EL (15 ml) Olivenöl erhitzen und Jakobsmuscheln auf jeder Seite 2 Minuten goldbraun anbraten. Entnehmen und auf einem Teller beiseitestellen.

3. Den restlichen 1 EL (15 ml) Olivenöl in die Pfanne geben. Garnelen anbraten, bis sie etwas Farbe bekommen, ca. 1 Minute pro Seite. Entnehmen und zu den Jakobsmuscheln geben.

4. Beim Ruhen geben die Garnelen und die Muscheln etwas Saft ab. Diesen Saft zusammen mit Thai-Aromabombe, Kokosmilch, Sojasauce, Kreuzkümmel und Currypulver in die Pfanne geben. 3 bis 5 Minuten reduzieren lassen.

5. Zuckerschoten und Paprika zugeben und mit der Sauce vermischen. Mit frisch gemahlenem Pfeffer und Salz abschmecken.

6. Garnelen und Muscheln wieder in die Pfanne geben, mit dem Rest vermischen und servieren.

RESTE?

Eine Dose Wasserkastanien hinzufügen, alles hacken und 1 EL (16 g) Erdnussbutter untermischen. Als Füllung für Salatblätter, Wan Tans oder Frühlingsrollen verwenden.

THAI AROMABOMBE

THAI-HÜHNER-NUDELSUPPE

2 BIS 4 PORTIONEN

- **450 g Hähnchenschenkel ohne Haut**
- **2 Thai-Aromabomben**
- **2 EL (30 ml) Pflanzenöl (alternativ Oliven- oder Kokosöl)**
- **1,4 l Wasser**
- **430 ml Hühnerbrühe**
- **235 ml Kokosmilch**
- **1 EL (15 ml) Sojasauce**
- **450 g TK-Asia-Gemüse (aufgetaut)**
- **170 g Seidentofu, in Würfeln**
- **225 g Soba-Nudeln (japanische Buchweizennudeln)**
- **Salz nach Geschmack**
- **Pfeffer nach Geschmack**
- **in Ringe geschnittene Frühlingszwiebeln, geriebener Ingwer, Limettensaft (optional)**

1. In einem großen Suppentopf bei mittlerer Hitze die Hähnchenschenkel mit den Thai-Aromabomben und dem Öl ca. 5 Minuten anbraten.

2. Wasser, Hühnerbrühe, Kokosmilch und Sojasauce zufügen. Hitze reduzieren und Suppe unter gelegentlichem Rühren ca. 90 Minuten köcheln lassen.

3. Huhn mit einem Schaumlöffel aus der Brühe nehmen. Etwas abkühlen lassen und klein schneiden. Beiseitestellen.

4. Gemüse und Tofuwürfel zur Brühe geben und weiter köcheln lassen.

5. In einem großen Topf Salzwasser zum Kochen bringen. Soba-Nudeln 5 Minuten kochen und abgießen. Nudeln und klein geschnittenes Hähnchen in die Suppe geben.

6. Bei Bedarf mit Salz und Pfeffer abschmecken. Mit Frühlingszwiebeln oder geriebenem Ingwer garnieren oder einen Schuss Limettensaft zugeben.

TEX-MEX AROMABOMBE

ERGIBT CA. 400 G

- **130 g Cashewkerne, gehackt**
- **180 ml natives Olivenöl extra**
- **120 g grob gehackte Zwiebeln (etwa 1 mittelgroße Zwiebel)**
- **120 g Koriandergrün, ohne Stiele**
- **60 g glatte Petersilie, ohne Stiele**
- **1 kleine Jalapeño, grob gehackt (für weniger Schärfe Kerne entfernen)**
- **120 ml Limettensaft (Saft von 2 Limetten mit etwas Fruchtfleisch)**
- **1 TL Chilipulver (Gewürzmischung)**
- **1 TL Cayennepfeffer**
- **Salz nach Geschmack**
- **Pfeffer nach Geschmack**

1. Cashewkerne in einer hohen Pfanne ohne Öl ca. 3 Minuten bei mittlerer Hitze leicht rösten. Entnehmen und beiseitestellen.

2. In der gleichen Pfanne bei mittlerer Hitze 6 EL (90 ml) Olivenöl erhitzen und die Zwiebeln ca. 20 Minuten garen, bis sie braun sind. Entnehmen und beiseitestellen.

3. Petersilie und Koriander im Mixer kurz grob zerkleinern, dann alle anderen Zutaten einschl. Cashews, Zwiebeln und restlicher 6 EL (90 ml) Olivenöl zugeben. Weitermixen bis zur gewünschten Konsistenz. Nicht pürieren.

4. Pesto in Eiswürfelformen oder kleine Dosen füllen oder auf Backpapier löffeln und einfrieren. Wenn die Aromabomben gefroren sind, in einen luftdichten Behälter oder verschließbare Gefrierbeutel umfüllen.

TEX-MEX AROMABOMBE

TEXAS-PANINI

ERGIBT 4 STÜCK

- **1 Rindersteak aus der Filetspitze (170 g), in ca. 12 Streifen geschnitten**
- **Salz nach Geschmack**
- **Pfeffer nach Geschmack**
- **1 Tex-Mex-Aromabombe**
- **60 ml natives Olivenöl extra**
- **450 g bunte Paprika, in Streifen (TK oder frisch)**
- **2 bis 4 EL (15 bis 30 g) Chipotle in Adobo, je nach gewünschter Schärfe (ersatzweise Tabasco Chipotle)**
- **ca. 130 g scharfe Peperoni aus dem Glas**
- **8 Scheiben Weißbrot, ca. 2 cm dick, gebuttert**
- **8 Scheiben Käse**

1. Filetstreifen salzen und pfeffern.

2. Die Hälfte der Tex-Mex-Aromabombe mit dem Olivenöl glattrühren. Filetstreifen mindestens 1 Stunde darin marinieren.

3. TK-Paprika auftauen und Flüssigkeit abgießen. Peperoni klein würfeln und mit Paprika, Chipotle-Sauce und der restlichen halben Tex-Mex-Aromabombe vermischen.

4. In einer Pfanne bei mittlerer bis starker Hitze Filetstreifen anbraten, bis sie Farbe haben, aber innen noch blutig oder medium sind.

5. Sandwiches zusammensetzen: Auf je eine Scheibe Brot nacheinander eine Scheibe Käse, Filetstreifen, Paprikamischung, eine zweite Scheibe Käse und dann die zweite Scheibe Brot legen.

6. Grillpfanne erhitzen, falls vorhanden (ergibt eine schöne Optik). Anderenfalls eine antihaftbeschichtete Pfanne verwenden. Die Sandwiches etwa 1 Minute pro Seite in der Pfanne rösten – nicht verbrennen lassen – und dabei mit einem Pfannenwender oder einer kleinen Pfanne immer wieder etwas flach drücken.

TIPP VOM PROFI

Filetspitze ist zwar nicht ganz billig, aber das allerzarteste Fleisch. Hier reicht ein kleines Stück für das ganze Rezept. Zum einfacheren Schneiden das Steak kurz anfrieren.

TEX-MEX AROMABOMBE

TEX-MEX LASAGNE

4 PORTIONEN

- **1 kg Rinderhackfleisch**
- **1 TL Natron**
- **1 TL Salz + zusätzliches zum Abschmecken**
- **6 EL (90 ml) Wasser**
- **1 Umami-Aromabombe (Seite 70) oder 1 TL Sojasauce**
- **2 Tex-Mex-Aromabomben**
- **120 ml Rinderbrühe**
- **½ TL Cayennepfeffer**
- **½ TL Kreuzkümmel**
- **½ TL Paprikapulver**
- **Pfeffer nach Geschmack**
- **1 große Dose stückige Tomaten (800 g)**
- **340 g breite Bandnudeln**
- **4 Béchamel-Aromabomben (Seite 116) oder 120 ml Béchamelsauce (Seite 74)**
- **25 g Parmesan, gerieben**
- **225 g Cheddar, gerieben**

1. In einer Schüssel das Rinderhack gründlich mit Natron, Salz und 2 EL (30 ml) Wasser vermengen. 20 Minuten beiseitestellen.

2. In einer großen, hohen Pfanne bei mittlerer Hitze das Hack anbraten und dabei in kleine Stücke teilen.

3. Umami- und Tex-Mex-Aromabomben, Rinderbrühe, Cayennepfeffer, Kreuzkümmel, Paprikapulver, Salz und Pfeffer zufügen. Einige Minuten unter Rühren köcheln lassen, damit etwas Flüssigkeit verkocht und sich die Aromen verteilen.

4. Dosentomaten hinzugeben und 1 Stunde bei angekipptem Deckel unter häufigem Rühren köcheln lassen. Dabei nach und nach restliche 4 EL (60 ml) Wasser einrühren, damit die Sauce nicht zu dick wird.

5. In einem großen Topf mit Salzwasser Nudeln nach Packungsanleitung al dente kochen. 60 ml Kochwasser abnehmen und dann Nudeln abgießen. Nudeln zurück in den Topf geben und mit Béchamel-Aromabomben und Parmesan vermischen. Zurückbehaltenes Kochwasser einrühren.

6. Backofen auf 160 °C (Gasherd Stufe 2) vorheizen.

7. Eine etwa 25 × 30 cm große Auflaufform leicht einfetten. Nudeln im Wechsel mit Hacksauce und Reibekäse in die Form schichten. Die oberste Schicht bildet Käse, mit etwas Sauce beträufelt.

8. Alufolie mit Rapsöl bestreichen (damit der Käse nicht kleben bleibt) und Form damit abdecken. 30 bis 40 Minuten backen.

TEX-MEX AROMABOMBE

TEX-MEX-BOHNEN (SCHONGARER)

4 BIS 6 PORTIONEN

- **450 g getrocknete Bohnen (Wachtel- und weiße Bohnen gemischt), über Nacht eingeweicht, abgegossen und abgespült**
- **1 Tex-Mex-Aromabombe**
- **60 ml Ahornsirup**
- **60 g brauner Zucker**
- **2 Mirepoix-Aromabomben (optional, Seite 102)**
- **1 EL (15 ml) Pflanzenöl oder Schmalz**
- **2 EL (30 g) Ketchup**
- **1 EL (16 g) Tomatenmark**
- **1 EL (15 ml) Worcestershiresauce**
- **1 EL (16 g) Dijon-Senf**
- **½ TL Zimt**
- **235 ml Wasser**
- **3 oder 4 Scheiben knuspriger Bacon, zerbröselt**

1. Alle Zutaten außer Bacon mit 120 ml Wasser in den Schongarer füllen. 2 Stunden auf hoher Stufe garen.

2. Auf niedrige Stufe stellen und 10 Stunden weitergaren, dabei gelegentlich umrühren und bei Bedarf restliches Wasser zugeben.

3. Mit Baconbröseln garniert servieren.

TIPP VOM PROFI

Die Kochzeit halbiert sich auf 6 Stunden, wenn Sie die Bohnen nach dem Einweichen einmal aufkochen, von der Platte nehmen und abgedeckt 2 Stunden stehen lassen. Oder Sie verwenden Bohnen aus der Dose, dann müssen sie nur 2 bis 3 Stunden kochen, schmecken aber auch nicht so intensiv.

CHIMICHURRI AROMABOMBE

ERGIBT CA. 400 G

- **175 ml natives Olivenöl extra**
- **75 g Knoblauch, grob gehackt**
- **75 g Schalotten, grob gehackt**
- **120 g Koriandergrün, ohne Stiele**
- **60 g glatte Petersilie, ohne Stiele**
- **30 g gehackter frischer oder 10 g getrockneter Oregano**
- **80 ml Rotweinessig**
- **1 TL Chiliflocken**
- **Salz nach Geschmack**
- **Pfeffer nach Geschmack**

1. In einem mittelgroßen Topf bei mittlerer Hitze 6 EL (90 ml) Olivenöl erhitzen. Knoblauch und Schalotten 2 bis 3 Minuten leicht anschwitzen. Entnehmen und beiseitestellen.

2. Koriander, Petersilie und Oregano im Mixer kurz grob zerkleinern, dann alle anderen Zutaten einschl. Knoblauch, Schalotten und restlicher 6 EL (90 ml) Olivenöl zugeben. Weitermixen bis zur gewünschten Konsistenz. Nicht pürieren.

3. Pesto in Eiswürfelformen oder kleine Dosen füllen oder auf Backpapier löffeln und einfrieren. Wenn die Aromabomben gefroren sind, in einen luftdichten Behälter oder verschließbare Gefrierbeutel umfüllen.

CHIMICHURRI AROMABOMBE

HÄHNCHEN ALLO SCARPARIELLO

4 BIS 6 PORTIONEN

- 450 g kleine neue Kartoffeln, halbiert
- 175 ml natives Olivenöl extra oder Pflanzenöl
- Salz nach Geschmack
- Pfeffer nach Geschmack
- 900 g Salsiccia (pikante ital. Wurst)
- 1,8 kg Hähnchenunter- und -oberkeulen, halbiert, oder 2 ganze Hähnchen, jeweils in 12 Stücke geschnitten (größtenteils mit Haut)

- 8 Knoblauchzehen, geschält und leicht zerdrückt
- 2 Chimichurri-Aromabomben (für kräftigeres Aroma 3 Stück)
- 60 ml Hühnerbrühe
- 60 ml Zitronensaft
- 2 bis 4 EL (30 bis 60 ml) Weißwein oder Wermut (optional)

FORTSETZUNG >>>

1. Backofen auf 200 °C (Gasherd Stufe 4) vorheizen.

2. Kartoffeln mit 2 EL (30 ml) Öl, Salz und Pfeffer vermischen und in einer Lage auf ein Backblech legen. 30 Minuten backen, dabei zwischendurch wenden. Aus dem Ofen nehmen und beiseitestellen. Ofentemperatur auf 190 °C (Gasherd Stufe 3/4) reduzieren.

3. In einer großen Pfanne bei mittlerer Hitze 2 EL (30 ml) Öl erhitzen. Würste rundherum anbraten, aber nicht durchbraten. Wenn sie braun sind, entnehmen und auf einem hohen Blech beiseitestellen.

4. In der Pfanne bei mittlerer Hitze mit weiteren 2 EL (30 ml) Öl die Hähnchenstücke nach und nach unter häufigem Wenden anbraten, bis sie rundherum braun sind. Nicht durchgaren. Anschließend zu den Würsten geben.

5. In der Pfanne werden kleine Stücke Hähnchenhaut zurückbleiben. Diese in den restlichen 6 EL (90 Millimeter) Öl zusammen mit den Knoblauchzehen knusprig braten, dabei mit einem Pfannenwender immer wieder den Fond und die Stücke vom Boden lösen.

6. Chimichurri-Aromabomben, Hühnerbrühe, Zitronensaft und Weißwein bzw. Wermut (falls verwendet) in die Pfanne geben. Ein paar Minuten reduzieren lassen. Bei Bedarf mehr Brühe hinzufügen, um mehr Sauce zu erhalten. Mit Salz und Pfeffer abschmecken.

7. Würste in ca. 5 cm große Stücke brechen.

8. Kartoffeln zum Hähnchen und den Würsten geben. 10 Minuten backen.

9. Die Pfannensauce über Kartoffeln, Hähnchen und Würste gießen und etwas untermischen. Weitere ca. 15 Minuten im Ofen backen, bis man es brutzeln hört.

CHIMICHURRI AROMABOMBE

ENTRECÔTE-STEAKS

2 PORTIONEN

- 1 EL Speisestärke
- 1 EL grobkörniges Salz
- 2 Entrecôte-Steaks ohne Knochen (je ca. 280 g), ca. 13 mm dick
- 120 ml Wasser oder Rinderbrühe
- 1 oder 2 Chimichurri-Aromabomben

1. Speisestärke mit Salz vermischen und Steaks auf beiden Seiten damit einreiben. Ca. 30 Minuten in den Kühlschrank stellen.

2. Steaks in einer großen, heißen Pfanne 2 bis 3 Minuten auf jeder Seite braten, je nach gewünschtem Gargrad.

3. Steaks aus der Pfanne nehmen und ohne Abdeckung ruhen lassen, während Sie die Sauce zubereiten.

4. In der gleichen Pfanne bei mittlerer Hitze Wasser oder Rinderbrühe und Chimichurri-Aromabombe(n) vermischen. 3 bis 5 Minuten unter Rühren reduzieren lassen.

5. Sauce über die Steaks geben und sofort servieren.

TIPP VOM PROFI

Dickere Steaks im 140 °C heißen Backofen (Gasherd Stufe 1) 20 Minuten (blutig) oder 30 Minuten (medium) garen. Dann erst beidseitig 1 bis 2 Minuten anbraten.

GEMÜSE AROMA BOMBEN

CURRY AROMA BOMBE
ITALIENISCHE SOFFRITTO AROMA BOMBE
SUPPENGRÜN AROMA BOMBE

SUPPENGRÜN AROMABOMBE

ERGIBT 1 KG

- 340 g Möhren (ca. 6 mittelgroße), geschält
- 225 g Knollensellerie, geschält
- 430 ml Rinder-, Hühner- oder Gemüsebrühe (Rind bevorzugt)
- 450 g Lauch (ca. 5 Stangen)
- 6 EL (90 g) Butter
- 60 ml natives Olivenöl extra
- 340 g Weißkohl
- 16 g frischer Dill, gehackt
- 2 EL (14 g) Kümmel, ganz
- ggf. 120 ml Wasser
- Salz nach Geschmack
- Pfeffer nach Geschmack

1. Möhren und Knollensellerie in gleichmäßige Würfel mit etwa 13 mm Kantenlänge schneiden. In einer mikrowellengeeigneten Schüssel mit knapp 60 ml Brühe 5 Minuten lang in der Mikrowelle vorgaren und dann abgedeckt ruhen lassen.

2. Lauch von den äußeren Blättern befreien, in etwa 13 mm breite Ringe schneiden und in einer großen Schüssel mit Wasser waschen. Abgießen und ggf. abspülen. Lauch in einer großen, hohen Pfanne bei mittlerer Hitze mit 3 EL (45 g) Butter und dem Olivenöl 5 Minuten anschwitzen. 235 ml Brühe hinzugeben, Hitze etwas reduzieren und etwa 15 Minuten unter häufigem Rühren dünsten.

3. Kohl vierteln und das Innere klein schneiden. Äußere Schichten für Krakauer mit Schmorkohl (Seite 66) zurücklegen.

4. Kohl, Möhren und Knollensellerie inkl. Brühe, restliche Brühe und 3 EL (45 g) Butter zum Lauch hinzugeben. Gemüse bei geringer Hitze unter häufigem Rühren abgedeckt ca. 30 Minuten köcheln lassen, bis es sehr weich ist.

5. Deckel abnehmen und Dill und Kümmel zugeben. Hitze etwas erhöhen und Flüssigkeit dick einkochen lassen. Wenn die Flüssigkeit zu schnell verkocht oder das Gemüse trocken wirkt, etwas Wasser hinzufügen. Mit Salz und Pfeffer abschmecken. Von der Platte nehmen und beiseitestellen.

6. Mischung abkühlen lassen und dann in Eiswürfelformen oder kleine Dosen füllen oder auf Backpapier löffeln und einfrieren. Wenn die Aromabomben gefroren sind, in einen luftdichten Behälter oder verschließbare Gefrierbeutel umfüllen.

SUPPENGRÜN AROMABOMBE

COLCANNON

4 BIS 6 PORTIONEN

- **1 kg vorwiegend festkochende Kartoffeln mit Schale**
- **175 ml Sahne oder Milch**
- **120 g Butter**
- **6 Suppengrün-Aromabomben**

1. Kartoffeln in einem großen Topf mit reichlich Wasser 15 bis 20 Minuten weichkochen (beim Anstechen mit einer Gabel sollten sie keinen Widerstand leisten). Abgießen.

2. Kartoffeln pellen (Handschuhe schützen vor Verbrennen) und durch eine Kartoffelpresse in eine Servierschüssel drücken.

3. In einem kleinen Topf oder der Mikrowelle Sahne bzw. Milch mit 60 g Butter erhitzen. Mit einem Schneebesen unter die Kartoffeln heben.

4. In einem kleinen Topf oder der Mikrowelle die Suppengrün-Aromabomben mit den restlichen 60 g Butter erhitzen. Über die Kartoffeln gießen und sofort servieren.

SCHON GEWUSST?

Colcannon ist ein irisches Gericht, das traditionell zu Halloween serviert wird.

SUPPENGRÜN AROMABOMBE

KRAKAUER MIT SCHMORKOHL

4 BIS 6 PORTIONEN

- **450 g Krakauer**
- **6 EL (90 g) Butter oder Schmalz**
- **6 EL (90 ml) natives Olivenöl extra**
- **3 große vorwiegend festkochende Kartoffeln**
- **8 Suppengrün-Aromabomben**
- **680 g Weißkohl**
- **430 ml Rinder-, Hühner- oder Gemüsebrühe**
- **Wasser nach Bedarf**
- **Salz nach Geschmack**
- **Pfeffer nach Geschmack**

1. Krakauer diagonal in Streifen schneiden, damit es viel Fläche zum Anbraten gibt. In einer großen Pfanne bei mittlerer Hitze 2 EL (30 g) Butter und 2 EL (30 ml) Olivenöl erhitzen. Scheiben auf jeder Seite 2 Minuten goldbraun braten. Entnehmen und beiseitestellen.

2. Kartoffeln schälen und würfeln. 2 EL (30 g) Butter und 2 EL (30 ml) Olivenöl in die Pfanne geben und Kartoffeln bei mittlerer Hitze braten, bis sie knusprig und goldbraun sind (ca. 15 Minuten). Dabei häufig wenden. In den letzten 5 Minuten 4 Suppengrün-Aromabomben mit erhitzen. Kartoffeln entnehmen und zu den Krakauerscheiben geben.

3. Beim Kohl den Strunk entfernen und die Blätter in grobe Stücke schneiden. Kohl, restliche 2 EL (30 g) Butter, restliche 2 EL (30 ml) Olivenöl und restliche 4 Aromabomben in die Pfanne geben. Kohl bei mittlerer Hitze unter häufigem Wenden garen, bis er etwas Farbe bekommt.

4. Backofen auf 190 °C (Gasherd Stufe 3/4) vorheizen.

5. Brühe zum Kohl geben und ohne Deckel bei mittlerer Hitze 15 bis 20 Minuten köcheln lassen, bis der Kohl weich ist. Dabei mit einem Pfannenwender häufig den Satz vom Boden lösen. Wenn die Flüssigkeit zu schnell verkocht, Wasser hinzufügen und Hitze reduzieren. Die Brühe sollte dickflüssig einkochen. Mit Salz und Pfeffer abschmecken.

6. Kohl in einen Bräter umfüllen, aber die Brühe in der Pfanne lassen. Krakauer und Kartoffeln auf den Kohl geben. Reduzierte Brühe darüber gießen und 10 bis 15 Minuten backen.

SUPPENGRÜN AROMABOMBE

POT PIE MIT GUINNESS & CHEDDAR

4 PORTIONEN

- 225 g weiße Mini-Champignons
- 60 g Butter
- 680 g gemischtes Hackfleisch
- 3 EL (24 g) Mehl
- 475 ml Rinderbrühe
- 475 ml Guinness
- 4 Suppengrün-Aromabomben
- 1 Umami-Aromabombe (optional, Seite 70)
- 60 ml Pilzbrühe (optional, siehe Umami-Aromabombe Schritt 1–3, Seite 70)
- 225 g Erbsen, frisch oder TK
- 225 g Cheddar, gerieben
- 1 ausgerollter Teig (siehe Rezept S. 69 oder aus dem Kühlregal – kein Blätterteig!)
- 1 Eigelb, verquirlt

FORTSETZUNG >>>

1. Pilze abspülen, putzen und in Scheiben schneiden. In einer großen Pfanne bei mittlerer bis starker Hitze die Butter erhitzen. Pilze ca. 10 Minuten unter häufigem Rühren anbraten, bis sie braun sind und die Flüssigkeit verdampft ist. Entnehmen und beiseitestellen.

2. In derselben Pfanne bei mittlerer Hitze das Hackfleisch durchbraten (ca. 7 Minuten).

3. Mehl über das Fleisch streuen und einrühren. Brühe und Guinness hinzufügen und 3 bis 5 Minuten köcheln lassen, bis die Sauce andickt. Suppengrün-Aromabomben und ggf. optionale Bomben einrühren.

4. Erbsen ca. 5 Minuten in der Mikrowelle garen und dann zum Fleisch geben. Pilze ebenfalls hinzugeben und weiter köcheln lassen. Die Hälfte des Cheddars unterheben.

5. Backofen auf 180 °C (Gasherd Stufe 3) vorheizen.

6. Fleischmasse in eine ca. 20 × 20 cm große Auflaufform füllen. Mit restlichem Käse bestreuen. Teigplatte auflegen und zum Abdichten am Rand andrücken. Pie-Decke vorsichtig einritzen und mit dem Eigelb bestreichen.

7. 30 bis 40 Minuten goldbraun backen.

TEIG FÜR PIES UND TARTES

4 BIS 6 PORTIONEN

- **240 g Mehl**
- **½ TL Salz**
- **120 g gefrorene Butter, in Würfel geschnitten**
- **50 g sehr kaltes Pflanzenfett**
- **3 EL (45 ml) sehr kalter Wodka**
- **3 EL (45 ml) Eiswasser**

1. Im Mixer (alternativ per Hand) Mehl und Salz kurz vermischen.
2. Butter und Pflanzenfett hinzufügen und weitermixen, bis sich erste Klumpen bilden. Teig von den Gefäßwänden schaben und kurz weitermixen. In eine große Schüssel umfüllen.
3. Wodka und Wasser über den Teig geben und einarbeiten, bis der Teig leicht klebt und zusammenhält.
4. Teig auf die Arbeitsfläche legen. Halbieren, zwei Kugeln formen und flachdrücken auf einen Durchmesser von ca. 12 cm.
5. Einzeln in Frischhaltefolie wickeln und mindestens 1 Stunde kühlen. Der Teig kann bis zu 2 Tage im Kühlschrank bleiben.
6. Zum Ausrollen den gekühlten Teig auf die leicht bemehlte Arbeitsfläche legen. Mit gleichmäßigem, recht starkem Druck von der Mitte her nach außen ausrollen.
7. Mithilfe eines Teigschabers den Teig anheben und um 90 Grad drehen. Wieder von der Mitte her nach außen ausrollen. Bei Bedarf unter dem Teig leicht mehlen, damit er nicht anklebt.
8. Wiederholen, bis der Teig ca. 7 cm größer als die Backform ist.
9. Teigrand anheben und auf das Nudelholz klappen. Nudelholz ein- oder zweimal drehen, um den Teig locker aufzuwickeln.
10. Teig über der Backform abwickeln. An den Rändern anheben und in die Ecken drücken, dabei hängt der überschüssige Teig über den Rand. Bei Bedarf Teig zurückschneiden, dann am Backformrand festdrücken.
11. Für einen Pie mit Decke auch das zweite Teigstück wie oben beschrieben ausrollen, dann auf den gefüllten Pie legen und die Ränder überall gründlich andrücken. Decke einritzen und nach Rezept backen.

ABGEWANDELT

Der Teig eignet sich auch für süße Füllungen. In dem Fall können Sie in Schritt 1 noch 1 EL Zucker zugeben.

UMAMI AROMABOMBE

ERGIBT 1 KG

- 85 g getrocknete Pilze
- 710 ml kochendes Wasser
- 6 Knoblauchzehen
- 1 große Schalotte
- 120 g Butter
- 60 ml natives Olivenöl extra
- 450 g weiße Mini-Champignons
- ¼ TL Salz
- ¼ TL Pfeffer
- 2 EL (32 g) Misopaste (im Bild rote)
- 2 EL (30 ml) Sojasauce

1. Pilze mit dem kochenden Wasser übergießen und mit einem Pfannenwender nach unten drücken. 30 Minuten einweichen.

2. Knoblauch und Schalotte im Mixer zerkleinern. In einer großen Pfanne mit Butter und Olivenöl bei mittlerer Hitze 5 Minuten anschwitzen.

3. Eingeweichte Pilze abgießen, dabei die Brühe auffangen. Pilzbrühe durch ein feinmaschiges Sieb abseihen und beiseitestellen. Pilze im Mixer zerkleinern und mit in die Pfanne geben.

4. Hitze etwas erhöhen, Salz und Pfeffer hinzugeben und 30 Minuten dünsten. Nach Bedarf Pilzbrühe hinzugeben und häufig rühren. Misopaste und Sojasauce mit 60 ml Pilzbrühe glattrühren und nach und nach in die Pfanne geben, während die Mischung reduziert. Bei Bedarf Hitze reduzieren. Von der Platte nehmen und beiseitestellen.

5. Mischung abkühlen lassen und in Eiswürfelformen oder kleine Dosen füllen oder auf Backpapier löffeln und einfrieren. Wenn die Aromabomben gefroren sind, in einen luftdichten Behälter oder verschließbare Gefrierbeutel umfüllen. Restliche Pilzbrühe ebenfalls einfrieren.

ABGEWANDELT

Pilzragout: Statt in Schritt 3 alle Pilze zu hacken und zum Knoblauch und der Schalotte zu geben, 105 g bis 175 g von den Pilzen in Scheiben schneiden und in eine separate Pfanne geben. Eine Kelle von der Knoblauch-Schalotten-Mischung zugeben und bei mittlerer Hitze 20 bis 30 Minuten garen.

UMAMI AROMABOMBE

UMAMI TAGLIATELLE

2 PORTIONEN

- **225 g frische oder getrocknete Tagliatelle**
- **2 EL (30 ml) natives Olivenöl extra + zusätzliches zum Beträufeln**
- **4 Umami-Aromabomben**
- **2 Béchamel-Aromabomben (Seite 116) oder 60 ml Béchamelsauce (Seite 74)**
- **25 g geriebenen Parmesan oder Pecorino Romano + zusätzlichen zum Servieren**

1. In einem großen Topf mit Salzwasser Nudeln nach Packungsanleitung al dente kochen. Vor dem Abgießen in einen Seiher mindestens 120 ml vom Nudelwasser abnehmen.

2. Olivenöl, Umami-Aromabomben und Béchamel-Aromabomben bzw. Béchamelsauce in den heißen Nudeltopf geben. Verrühren und mit etwas Nudelwasser verdünnen. Bei geringer Hitze unter Rühren eindicken lassen.

3. Nudeln zurück in den Topf schütten. Mit dem geriebenen Käse und der Sauce vermengen. Bei Bedarf noch etwas Nudelwasser zugeben.

4. Nudeln in eine Servierschüssel füllen. Mit Olivenöl beträufeln, mit etwas geriebenem Käse bestreuen und sofort servieren.

FORTSETZUNG >>>

BÉCHAMELSAUCE ERGIBT CA. 700 ML

- **120 g Butter**
- **120 g gewürztes Mehl (siehe Tipp vom Profi unten)**
- **700 ml Milch (Fettgehalt nach Geschmack)**
- **½ TL geriebene Muskatnuss**
- **Salz nach Geschmack**
- **Pfeffer nach Geschmack**

1. Butter bei mittlerer Hitze in einem Topf schmelzen. Mehl einrühren und unter ständigem Rühren mit dem Schneebesen ca. 3 Minuten anschwitzen.

2. Nach und nach mit dem Schneebesen die Milch einrühren.

3. Hitze reduzieren und unter Rühren weitere 3 bis 5 Minuten köcheln lassen. Mehr Milch hinzugeben, wenn die Sauce zu dick ist.

4. Muskatnuss, Salz und Pfeffer einrühren.

5. Die Sauce ist nun gebrauchsfertig. Wenn nicht die gesamte Menge benötigt wird, restliche Sauce abkühlen lassen und in Eiswürfelformen oder kleine Dosen füllen und einfrieren.

TIPP VOM PROFI

Ich habe immer etwas gewürztes Mehl vorrätig. Das hier ist das Grundrezept, aber manchmal verwende ich auch Zitronenpfeffer, Curry, Cayennepfeffer, Muskatnuss oder andere getrocknete Gewürze.

- **180 g Mehl**
- **1 TL Salz**
- **1 TL schwarzer Pfeffer**
- **1 TL Knoblauchpulver**

Zutaten in einer Schüssel mischen und in einen Behälter mit Deckel im Schrank, Tiefkühler oder Kühlschrank aufbewahren.

Für die glutenfreie Küche Kichererbsen-, Reis- oder Kokosmehl verwenden.

UMAMI AROMABOMBE

POLENTA MIT PILZRAGOUT

2 BIS 4 PORTIONEN

- **475 ml Wasser**
- **430 ml Hühnerbrühe**
- **160 g Polenta (alternativ Hartweizengrieß)**
- **¼ TL Salz**
- **25 g Parmesan oder Pecorino Romano, gerieben (optional)**
- **170 bis 225 g Pilzragout (siehe Umami-Aromabombe, Seite 70)**
- **etwas Olivenöl zum Beträufeln (optional)**

1. Wasser und Hühnerbrühe in einem mittelgroßen Topf zum Kochen bringen. Polenta mit dem Schneebesen einrühren.

2. Hitze reduzieren und Polenta 5 Minuten (bei vorgegarter Polenta) bzw. bis zu 30 Minuten (bei traditioneller Polenta) unter häufigem Rühren mit einem Holzlöffel köcheln lassen. Salz und ggf. Käse zugeben.

3. Pilzragout im Topf oder in der Mikrowelle erhitzen. Polenta auf einen Servierteller geben und Pilzragout darauf anrichten. Auf Wunsch mit Olivenöl beträufeln. Sofort servieren.

UMAMI AROMABOMBE

HÄHNCHEN ALLA SORRENTINA MIT MARSALA-SAUCE

4 BIS 6 PORTIONEN

- 8 Hähnchenbrustfilets (je 170 g)
- Salz nach Geschmack + zusätzliches zum Salzen der Aubergine
- Pfeffer nach Geschmack
- 120 g gewürztes Mehl (siehe Tipp vom Profi, Seite 74)
- 6 EL (90 g) Butter
- 120 ml natives Olivenöl extra
- 450 g weiße Mini-Champignons in Scheiben
- 120 ml Marsala (Likörwein)
- 430 ml Hühnerbrühe
- 2 EL (32 g) Tomatenmark
- 4 Umami-Aromabomben
- 1 große Aubergine, geschält
- 150 g Prosciutto
- 225 g Mozzarella, gerieben

ABGEWANDELT

Marsala-Hähnchen: Aubergine, Prosciutto und Mozzarella weglassen. Nach Schritt 6 aufhören, Sauce über das Fleisch geben und bei 190 °C (Gasherd Stufe 3/4) 5 bis 10 Minuten backen, bis die Sauce köchelt.

1. Hähnchenbrustfilets von Fett und Sehnen befreien, abspülen und trockentupfen. Zwischen zwei Lagen Frischhaltefolie mit einem Plattiereisen klopfen, bis sie gleichmäßig dick sind. Große Filets halbieren.

2. Fleisch salzen und pfeffern und in 60 g gewürztem Mehl wenden.

3. In einer großen Pfanne bei starker Hitze 60 g Butter und 60 ml Olivenöl erhitzen.

4. Nach und nach alle Hähnchenbrustfilets 2 Minuten auf beiden Seiten goldbraun braten. (Wenn die Ersten nicht so braun sind wie die Letzten, noch einmal ca. 20 Sekunden in die Pfanne geben, damit etwas vom gebräunten Mehl haften bleibt. Alle Fleischstücke sollten eine schöne goldene Farbe haben.) Fleisch entnehmen und abgedeckt auf einem tiefen Blech beiseitestellen.

5. Restliche 2 EL (30 g) Butter in die Pfanne geben. Pilze bei starker Hitze braten, bis sie weich und goldbraun sind, 5 bis 10 Minuten.

6. Mit Marsala ablöschen und Bodensatz lösen. Hühnerbrühe, Tomatenmark und Umami-Aromabomben zufügen. Köcheln lassen, bis die Sauce andickt, mindestens 5 Minuten.

7. Aubergine in 5 mm dicke Scheiben schneiden und im Spülbecken auf ein Gitter legen. Jede Scheibe mit ¼ TL Salz bestreuen und 30 Minuten Wasser ziehen lassen.

8. Auberginenscheiben abspülen; dabei wird die bittere braune Auberginenflüssigkeit mit entfernt. Scheiben sofort in den restlichen 60 g Mehl wenden.

9. Restliche 60 ml Olivenöl bei mittlerer Hitze in einer großen Pfanne erhitzen. Auberginenscheiben auf jeder Seite 2 bis 3 Minuten goldbraun braten. Entnehmen und auf Küchenpapier legen.

10. Backofen auf 190 °C (Gasherd Stufe 3/4) vorheizen.

11. Hähnchenbrustfilets in einer Lage in ein tiefes Blech legen. Auf jedes Fleischstück eine Auberginenscheibe legen und darauf einen Löffel Sauce geben. Mit einer Scheibe Prosciutto bedecken. Mit geriebenem Mozzarella bestreuen und anschließend Sauce und Pilze darüber verteilen.

12. Blech fest mit Alufolie abdecken. 20 bis 30 Minuten backen, bis der Käse geschmolzen ist und die Sauce köchelt.

UMAMI AROMABOMBE

FILET WELLINGTON

4 PORTIONEN

- **1 kg Rinderfilet, bei Raumtemperatur**
- **¼ TL Salz**
- **¼ TL Pfeffer**
- **1 EL (15 g) Butter**
- **8 Umami-Aromabomben**
- **1 Packung fertiger Blätterteig, aufgetaut**
- **1 Eigelb, verquirlt**

TIPP VOM PROFI

Dieses fürstliche Gericht ist gar nicht so schwer zuzubereiten, wie man denkt.

1. Backofen auf 200 °C (Gasherd Stufe 4) vorheizen.
2. Filet mit Küchenpapier trockentupfen, salzen und pfeffern. In einer mittelgroßen Pfanne bei mittlerer bis starker Hitze die Butter erhitzen und das Fleisch 2 Minuten pro Seite anbraten. Aus der Pfanne nehmen und auf Raumtemperatur abkühlen lassen.
3. Oben und an den Seiten mit den Umami-Aromabomben ummanteln.
4. Blätterteig so groß ausrollen, dass das Filet darin eingewickelt werden kann. Teigplatte auf das ummantelte Filet legen, Seiten glätten und Teig mit den Fingern unter den Braten stecken. Filet mit einem Pfannenwender vorsichtig anheben und die Teigränder darunter zusammendrücken.
5. Braten auf ein Backblech legen. Blätterteig mit dem verquirlten Ei bestreichen. Mit einem scharfen Messer 2,5 cm lang einschlitzen, damit der Dampf entweichen kann.
6. Das Fleisch ist innen noch schön rosa, wenn die mit einem Fleischthermometer gemessene Kerntemperatur 57 °C erreicht, nach ca. 40 Minuten. Braten aus dem Ofen nehmen. Lose mit Alufolie abdecken und 10 Minuten ruhen lassen. In 2 cm dicke Scheiben geschnitten servieren.

SPANISCHE SOFRITO AROMABOMBE

ERGIBT 896 G

- 1 Knoblauchknolle, geschält
- 235 ml natives Olivenöl extra
- 4 große gelbe Zwiebeln, geschält
- 2 grüne Spitzpaprika, geputzt und entkernt
- 2 rote Paprika, geputzt und entkernt
- 2 mittelgroße frische Tomaten oder 4 Tomaten aus der Dose mit Saft
- 60 g Koriandergrün, ohne Stiele
- 60 g Petersilie, ohne Stiele
- 1 Lorbeerblatt
- ¼ TL Cayennepfeffer
- ¼ TL Paprikapulver
- ¼ TL Kreuzkümmel
- ¼ TL Muskatnuss
- Salz nach Geschmack
- Pfeffer nach Geschmack

1. Knoblauch im Mixer hacken. In einer großen Pfanne bei mittlerer Hitze das Olivenöl erhitzen und Knoblauch ca. 5 Minuten glasig anschwitzen.

2. Zwiebeln im Mixer hacken und in die Pfanne zum Knoblauch geben. Hitze etwas reduzieren und ca. 20 Minuten anschwitzen.

3. Spitzpaprika und rote Paprika im Mixer hacken und ebenfalls in die Pfanne geben.

4. Tomaten in einem großen Topf mit Wasser weich kochen (entfällt bei Dosentomaten). Zusammen mit dem Koriander und der Petersilie pürieren und in die Pfanne geben.

5. Mischung bei geringer Hitze ohne Deckel unter häufigem Rühren 20 Minuten köcheln lassen. Lorbeerblatt, Cayennepfeffer, Paprikapulver, Kreuzkümmel, Muskatnuss, Salz und Pfeffer zugeben und weitere 10 Minuten köcheln lassen. Lorbeerblatt entfernen.

6. Mischung abkühlen lassen und dann in Eiswürfelformen oder kleine Dosen füllen oder auf Backpapier löffeln und einfrieren. Wenn die Aromabomben gefroren sind, in einen luftdichten Behälter oder verschließbare Gefrierbeutel umfüllen.

SPANISCHE SOFRITO AROMABOMBE

LANGSAM GEGARTE SCHWEINESCHULTER

4 BIS 6 PORTIONEN

- **1,8 kg Schweineschulter mit Knochen**
- **1 EL Cajun-Gewürzmischung (siehe Holy-Trinity-Aromabombe Schritt 5, Seite 86)**
- **¼ TL Salz**
- **6 Spanische Sofrito-Aromabomben**
- **60 ml Pflanzenöl**
- **700 ml Wasser**
- **2 EL (30 ml) Worcestershiresauce**
- **1 EL (15 ml) Sojasauce**

1. Backofen auf 140 °C (Gasherd Stufe 1) vorheizen.

2. Schweineschulter abspülen und trockentupfen. Auf der Schwarte mit einem scharfen kleinen Messer ein Rautenmuster einschneiden.

3. In einem gusseisernen Topf bei mittlerer bis hoher Hitze rundherum anbraten, ca. 2 Minuten pro Seite. Von der Platte nehmen, mit der Cajun-Gewürzmischung würzen und salzen.

4. Spanische Sofrito-Aromabombe, Pflanzenöl, 235 ml Wasser, Worcestershiresauce und Sojasauce mit in den Topf geben und verrühren.

5. Topf abdecken und für 2½ Stunden in den Ofen stellen, dann weitere 235 ml Wasser einrühren. Fleisch nicht begießen, sonst wird die Schwarte nicht knusprig. Topf wieder abdecken und weitere 2½ Stunden backen, dann die restlichen 235 ml Wasser einrühren. Danach noch 1 Stunde ohne Deckel backen. Das Fleisch wird dabei ganz weich und zerfällt leicht.

6. Die Schweineschulter kann in Scheiben (mit Bratflüssigkeit als Sauce) serviert oder für Pulled-Pork-Sandwiches zerrupft werden.

SPANISCHE SOFRITO AROMABOMBE

PANIERTE SCHWEINE-KOTELETTS

3 BIS 4 PORTIONEN

- **6 Schweinekoteletts (je 230 g), 13 mm dick**
- **Salz nach Geschmack**
- **Pfeffer nach Geschmack**
- **¼ TL Kreuzkümmel**
- **¼ TL Zimt**
- **1 Prise Cayennepfeffer**
- **140 ml Milch**
- **150 g Panko**
- **60 g frische Semmelbrösel**
- **6 Spanische Sofrito-Aromabomben**
- **120 ml Rapsöl, zum Braten**
- **4 Béchamel-Aromabomben**

1. Koteletts mit Salz, Pfeffer, Kreuzkümmel, Zimt und Cayennepfeffer würzen. Dann 30 Minuten lang in 80 ml Milch einlegen.

2. Auf einem großen flachen Teller Panko, Semmelbrösel und Spanische Sofrito-Aromabomben vermischen. Koteletts fest in die Panko-Mischung drücken, um sie dick zu panieren.

3. In einer großen Pfanne bei mittlerer Hitze das Rapsöl stark erhitzen. Koteletts nacheinander auf jeder Seite 3 bis 4 Minuten braten. Fertige Koteletts bei niedrigster Temperatur im Ofen warmhalten.

4. In einem kleinen Topf bei mittlerer Hitze die Béchamel-Aromabomben mit den restlichen 60 ml Milch erhitzen.

5. Sauce über die Koteletts geben oder separat am Tisch servieren.

TIPP VOM PROFI

In einem Bräter mit Rost (oder auf einem Rost über einem Backblech) können Sie die Koteletts auch im Ofen backen. Dafür mit Butter- oder Ölspray besprühen und bei 190 °C (Gasherd Stufe 3/4) 30 bis 40 Minuten backen, bis die Kerntemperatur 66 °C erreicht.

SPANISCHE SOFRITO AROMABOMBE

SPANISCHES HÄHNCHEN MIT CASHEWPÜREE

3 BIS 4 PORTIONEN

- **1,4 kg Hähnchenunter- und -oberkeulen**
- **1 TL Salz**
- **½ TL Pfeffer**
- **2 EL (30 ml) natives Olivenöl extra**
- **160 ml Sherry**
- **235 ml Hühnerbrühe**
- **4 Spanische Sofrito-Aromabomben**
- **¼ TL Zimt**
- **2 EL (30 g) Butter**
- **2 TL Zitronensaft**
- **75 g Cashewkerne (ungesalzen)**
- **1 große Prise Safran**
- **2 EL (8 g) gehackte frische Petersilie zum Garnieren (optional)**

1. Hähnchen abspülen und trockentupfen. Rundherum salzen und pfeffern.

2. In einer großen ofenfesten Pfanne bei mittlerer bis hoher Hitze das Olivenöl stark erhitzen. Hähnchenteile darin rundherum goldbraun anbraten (ca. 10 Minuten), danach auf einem tiefen Blech etwas abkühlen lassen. Haut entfernen und entsorgen. Eventuelle Hautstücke aus der Pfanne entfernen.

3. Backofen auf 150 °C (Gasherd Stufe 1/2) vorheizen.

4. Pfanne mit Sherry ablöschen und Bodensatz lösen. Rühren, bis der Sherry anzudicken beginnt (ca. 2 Minuten). Hühnerbrühe und Spanische Sofrito-Aromabomben einrühren und unter Rühren ca. 5 Minuten eindicken lassen. Zimt, Butter und Zitronensaft zufügen und weitere 2 Minuten rühren.

5. Fleisch mit ausgetretenem Saft zurück in die Pfanne geben. Zum Köcheln bringen und ca. 30 Minuten schmoren, dabei die Sauce über die Fleischstücke gießen. 235 ml Sauce abnehmen und beiseitestellen.

6. Pfanne mit Alufolie abdecken und in den Ofen stellen oder Inhalt in ein tiefes Blech umfüllen. Ca. 1 Stunde backen, die letzten 15 Minuten ohne Abdeckung.

7. Cashews, Safran und entnommene Pfannensauce zusammen pürieren, bis nur noch ein paar Cashewstücke zu sehen sind.

8. Hähnchen mit der Pfannensauce und einem Löffel Cashewpüree servieren und ggf. mit Petersilie bestreuen.

HOLY TRINITY AROMABOMBE

ERGIBT CA. 670 G

- **4 große gelbe Zwiebeln**
- **4 Selleriestangen**
- **2 grüne Paprika**
- **60 ml natives Olivenöl extra**
- **60 g Butter**
- **3 TL (15 ml) Wasser**
- **2 TL schwarzer Pfeffer**
- **3 EL (21 g) Paprikapulver**
- **2 EL getrockneter Oregano**
- **1 EL getrockneter Basilikum**
- **1 EL Cayennepfeffer**
- **1 EL Knoblauchpulver**
- **1 EL Zwiebelpulver**
- **1 EL weißer Pfeffer**

1. Zwiebeln, Sellerie und Paprika in Würfel mit etwa 13 mm Kantenlänge schneiden.

2. In einer großen Pfanne bei geringer bis mittlerer Hitze Olivenöl und Butter erhitzen. Zwiebeln darin 15 Minuten ohne Deckel garen.

3. Sellerie und Paprika sowie 1 TL Salz und 1 TL schwarzen Pfeffer zugeben.

4. Holy-Trinity-Mischung unter häufigem Rühren abgedeckt ca. 45 Minuten garen lassen.

5. Währenddessen Cajun-Gewürzmischung herstellen. Dafür Paprikapulver, Oregano, Basilikum, Cayennepfeffer, Knoblauchpulver, Zwiebelpulver und weißen Pfeffer vermischen.

6. Topf von der Platte nehmen und zum Abschmecken esslöffelweise Cajun-Gewürzmischung unterrühren. (Die Gewürzmischung selbst wird auch in den Rezepten verwendet, Aromabombe nicht überwürzen!) Restliche 2 TL Salz und 1 TL schwarzen Pfeffer unterrühren.

7. Mischung abkühlen lassen und dann in Eiswürfelformen oder kleine Dosen füllen oder auf Backpapier löffeln und einfrieren. Wenn die Aromabomben gefroren sind, in einen luftdichten Behälter oder verschließbare Gefrierbeutel umfüllen.

SCHON GEWUSST?

Holy Trinity, die „heilige Dreifaltigkeit“, wird oft als Basis in der kreolischen und Cajun-Küche genutzt.

HOLY TRINITY AROMABOMBE

GARNELEN-SNACK MIT KRAUTSALAT

4 PORTIONEN

GARNELEN

- 450 g große Garnelen, geschält und entdarmt
- 60 g gewürztes Mehl (siehe Tipp vom Profi, Seite 74)
- 2 Eier
- 2 EL (30 ml) Milch
- 60 g Cornflakes
- 1 TL Cajun-Gewürzmischung (siehe Holy-Trinity-Aromabombe, Seite 86)
- 235 ml Rapsöl, zum Braten

KRAUTSALAT

- 225 g Kohl, fein gehobelt
- 4 Holy-Trinity-Aromabomben
- 3 EL (42 g) Mayonnaise
- 2 TL grobkörniger Senf
- 1 TL Apfelessig oder Zitronensaft
- ½ TL Meerrettich

BRÖTCHEN

- 4 Hot-Dog-Brötchen
- 2 EL (30 g) Butter, geschmolzen

FORTSETZUNG > > >

1. Garnelen abspülen und trockentupfen. Entlang des Rückens einschneiden und flach aufklappen.

2. Das gewürzte Mehl auf einen kleinen, flachen Teller geben. Eier und Milch in einer Schüssel verquirlen.

3. Cornflakes in einen verschließbaren Plastikbeutel füllen und mit Fingern und Fäusten zerstoßen. Cornflakesbrösel auf einen flachen Teller schütten und mit der Cajun-Gewürzmischung vermischen.

4. In einer großen Pfanne bei mittlerer Hitze das Rapsöl stark erhitzen.

5. Garnelen im Mehl wenden, in die Eier-Milch-Mischung tauchen und mit den Cornflakesbröseln panieren. Brösel überall gut andrücken.

6. Jeweils ein paar Garnelen bei mittlerer bis starker Hitze rundherum goldbraun braten. (Auch 1 oder 2 Minuten auf den Rücken stellen!)

7. Für den Krautsalat alle Zutaten in einer großen Schüssel vermischen und bis zum Servieren abgedeckt beiseitestellen.

8. Brötchen an der Oberseite aushöhlen, um Platz für Garnelen und Krautsalat zu schaffen. Mit der geschmolzenen Butter einpinseln. In jedes Brötchen 3 oder 4 Garnelen setzen und mit Krautsalat auffüllen.

HOLY TRINITY AROMABOMBE

KREOLISCHE GARNELEN

2 BIS 4 PORTIONEN

- 3 EL (45 ml) Pflanzenöl
- 2 EL (15 g) gewürztes Mehl (siehe Tipp vom Profi, Seite 74)
- 4 Holy-Trinity-Aromabomben
- 4 Spanische Sofrito-Aromabomben (Seite 80) oder 1 Dose stückige Tomaten (400 g)
- 120 ml trockener Weißwein (optional)
- 120 ml Wasser (240 ml, wenn kein Wein verwendet wird); entfällt bei Verwendung von Dosentomaten
- 1 EL (15 ml) Worcestershiresauce
- 1 EL (16 g) Tomatenmark
- 1 TL Cajun-Gewürzmischung (siehe Holy-Trinity-Aromabombe, Seite 86)
- 1 kg große Garnelen, geschält und entdarmt
- 2 EL (8 g) gehackte Petersilie zum Garnieren
- Salz nach Geschmack
- Pfeffer nach Geschmack
- Reis, Polenta oder Linguine, gekocht, als Beilage

1. In einer großen Pfanne bei mittlerer Hitze das Pflanzenöl erhitzen. Mehl mit einem Schneebesen einrühren und weiterrühren, bis es hellbraun ist (ca. 5 Minuten).

2. Holy-Trinity-Aromabomben und Spanische Sofrito-Aromabomben bzw. Dosentomaten unterrühren. Wein (falls verwendet), Wasser, Worcestershiresauce, Tomatenmark und Cajun-Gewürzmischung zufügen und zum Köcheln bringen. Hitze reduzieren und abgedeckt unter gelegentlichem Rühren 20 bis 30 Minuten garen. Die Sauce soll dick werden.

3. Hitze etwas erhöhen, Garnelen zugeben und köcheln lassen, bis die Garnelen gegart sind (ca. 5 Minuten, je nach Größe). Petersilie hinzufügen und mit Salz und Pfeffer abschmecken.

4. Auf Reis, Polenta oder Linguine servieren.

HOLY TRINITY AROMABOMBE

GUMBO MIT WURST UND HUHN

4 BIS 6 PORTIONEN

- 1 kg Hähnchenoberkeulen ohne Haut und Knochen
- Salz nach Geschmack
- Pfeffer nach Geschmack
- 60 ml Pflanzenöl oder Schmalz
- 450 g kräftige Wurst, z. B. Chorizo oder Krakauer, in 6 mm dicken Scheiben
- 2 EL (30 g) Butter
- 90 g Mehl
- 12 Holy-Trinity-Aromabomben
- 4 Knoblauchzehen, gehackt
- 1 Dose stückige Tomaten (400 g)
- 430 ml Hühnerbrühe
- 1 EL (15 ml) Worcestershiresauce
- 235 ml Wasser
- ½ TL Cajun-Gewürzmischung (siehe Holy-Trinity-Aromabombe, Seite 86)
- gekochter Reis als Beilage
- Frühlingszwiebelringe zum Garnieren

1. Hähnchen abspülen, trockentupfen und in mundgerechte Stücke schneiden. Salzen und pfeffern.

2. In einer großen Pfanne bei mittlerer bis hoher Hitze Pflanzenöl bzw. Schmalz erhitzen und Fleisch ca. 5 Minuten anbraten. Wurstscheiben hinzufügen und leicht bräunen, dabei häufiger wenden (ca. 5 Minuten). Alles entnehmen und beiseitestellen.

3. Butter in der Pfanne schmelzen lassen. Hitze reduzieren und mit einem Schneebesen das Mehl einrühren. Mehlschwitze bis zu 20 Minuten weiterrühren, bis sie braun wird.

4. Holy-Trinity-Aromabomben und gehackten Knoblauch hinzufügen und 1 bis 2 Minuten weiterrühren.

5. Dosentomaten, Hühnerbrühe, Worcestershiresauce und 120 ml Wasser zufügen. Hitze erhöhen und weitere 10 Minuten unter Rühren köcheln lassen. Cajun-Gewürzmischung einrühren.

6. Hähnchenfleisch und Wurst mit ausgetretenem Saft zurück in die Pfanne geben. 5 bis 10 Minuten weiter ohne Deckel köcheln lassen und rühren. Bei Bedarf die restlichen 120 ml Wasser zugeben.

7. Gumbo in einer Schüssel mit Reis servieren und nach Wunsch mit Frühlingszwiebelringen garnieren.

CURRY AROMABOMBE

ERGIBT CA. 950 G

- 160 ml Rapsöl
- 80 ml Kokosöl oder 75 g Kokosmus
- 1 Zimtstange, halbiert
- 4 ganze Nelken
- 2 Sternanis
- 1 Knoblauchknolle, geschält
- 1 kg gelbe Zwiebeln (ca. 10 kleine Zwiebeln), geschält
- 2 TL gemahlener Kreuzkümmel
- 1 TL gemahlene Kurkuma
- ½ TL gemahlener Kardamom
- ½ TL Zimt
- ½ TL fertiges Currypulver (optional)
- ¼ TL gemahlene Nelken
- ¼ TL schwarzer Pfeffer
- 1 Prise Cayennepfeffer
- ½ TL Salz
- 2 EL (32 g) Tomatenmark
- 175 ml Sahne
- 1 TL Zucker

1. Raps- und Kokosöl bei mittlerer Hitze in einer großen Pfanne erhitzen. Zimtstange, ganze Nelken und Sternanis 5 Minuten erhitzen, bis sie Duft abgeben. Dabei öffnet sich die Zimtstange und das Öl bekommt Farbe. Gewürze aus der Pfanne nehmen und entsorgen oder für andere Rezepte abkühlen lassen und mahlen. Öl etwas abkühlen lassen.

2. Knoblauch im Mixer fein hacken (wird durch Zugabe von etwas Raps- oder Olivenöl vereinfacht). Beiseitestellen. Zwiebeln im Mixer fein hacken. Beiseitestellen.

3. Knoblauch zum abgekühlten Öl geben und bei geringer bis mittlerer Hitze 3 bis 5 Minuten anschwitzen. Zwiebeln zugeben und unter gelegentlichem Rühren 30 Minuten garen.

4. Währenddessen die Currymischung herstellen: Kreuzkümmel, Kurkuma, Kardamom, Zimt, Currypulver (falls verwendet), gemahlene Nelken, schwarzen Pfeffer und Cayennepfeffer vermengen.

5. Zum Abschmecken teelöffelweise die Currymischung zu den Zwiebeln geben. (Die Gewürzmischung selbst wird auch in den Rezepten verwendet, Aromabombe nicht überwürzen!) Abgedeckt unter häufigem Rühren weitere 20 Minuten garen. Salz hinzugeben und weitere 10 Minuten ohne Deckel garen.

6. Hälfte der Mischung entnehmen und abkühlen lassen. Als einfache Version der Curry-Aromabombe in Eiswürfelformen oder kleine Dosen füllen und einfrieren.

7. Tomatenmark, Sahne und Zucker in die Pfanne geben und 3 bis 5 Minuten köcheln lassen. Abkühlen lassen und als Tomatencurry-Aromabombe in Eiswürfelformen oder kleine Dosen füllen oder auf Backpapier löffeln und einfrieren. Danach in einen luftdichten Behälter oder verschließbare Gefrierbeutel umfüllen.

CURRY AROMABOMBE

BLUMENKOHL-ERBSEN-KARTOFFELCURRY

4 PORTIONEN

- **3 mittelgroße vorwiegend festkochende Kartoffeln**
- **340 g Blumenkohl, frisch (ca. ½ Kopf) oder TK**
- **225 g Erbsen, frisch oder TK**
- **60 ml Wasser**
- **2 EL (30 ml) Rapsöl**
- **2 TL Currymischung (siehe Curry-Aromabombe Schritt 4, Seite 94)**
- **2 einfache Curry-Aromabomben**
- **235 ml Kokosmilch oder Sahne**
- **2,5 cm langes Stück Ingwer, geschält und gerieben**
- **Salz nach Geschmack**
- **Pfeffer nach Geschmack**

1. Kartoffeln schälen und würfeln. Blumenkohl, falls frisch, vom Strunk befreien und in Röschen teilen.

2. Kartoffeln, Blumenkohl und Erbsen in einer mikrowellengeeigneten Schüssel zusammen mit dem Wasser abgedeckt auf hoher Stufe ca. 6 Minuten in der Mikrowelle garen, bis das Gemüse weich ist.

3. In einer großen Pfanne bei mittlerer Hitze Rapsöl stark erhitzen. Currymischung zugeben und ca. 30 Sekunden rösten, um das Aroma zu entwickeln. Curry-Aromabomben, Kokosmilch und geriebenen Ingwer zugeben. 2 Minuten köchelnd andicken lassen.

4. Gemüse mit ausgetretener Flüssigkeit in die Pfanne geben. Gründlich umrühren und weitere 2 bis 3 Minuten köcheln lassen. Mit Salz und Pfeffer abschmecken.

TIPP VOM PROFI

TK- oder frisches Gemüse eignet sich hierfür gleichermaßen.

CURRY AROMABOMBE

TIKKA-MASALA-HÄHNCHEN

4 PORTIONEN

HÄHNCHEN

- 1 kg Hähnchenbrustfilet oder Oberkeulen ohne Haut und Knochen
- 1 TL Currymischung (siehe Curry-Aromabombe Schritt 4, Seite 94)
- 1 TL Salz
- 245 g griechischer Joghurt (pur)
- 2 EL (30 ml) Pflanzenöl
- 1 EL (10 g) gehackter frischer oder ½ EL granulierter Knoblauch
- 1 EL (8 g) geriebener Ingwer

SAUCE

- 2 EL (30 g) Butter
- 2 einfache Curry-Aromabomben
- 1 EL (15 g) Tomatenmark
- 1 EL Currymischung (siehe Curry-Aromabombe Schritt 4, Seite 94)
- 1 Dose passierte Tomaten (400 g)
- 120 ml Sahne
- 1 große Prise Safran

1. Hähnchen abspülen, trockentupfen und in 5 cm große Stücke schneiden. Mit der Currymischung und Salz würzen, abdecken und ca. 30 Minuten ruhen lassen.

2. In der Zwischenzeit die Sauce zubereiten: In einem mittelgroßen Topf bei mittlerer Hitze die Butter erhitzen. Curry-Aromabomben, Tomatenmark und Currymischung einrühren und ca. 2 Minuten erhitzen. Passierte Tomaten und Sahne zugeben. Unter häufigem Rühren ca. 20 Minuten köcheln lassen.

3. Backofen auf Grillstufe vorheizen.

4. Joghurt, Pflanzenöl, Knoblauch und Ingwer in einer großen Schüssel vermischen. Hähnchenstücke unterheben, dann auf ein Blech legen (möglichst mit eingesetztem Rost, falls vorhanden).

5. Hähnchen 15 bis 20 Minuten grillen, dabei nach der Hälfte wenden. Fleischstücke auf einen Servierteller legen und den ausgetretenen Saft zur Sauce geben.

6. Safran in die Sauce einrühren, 1 bis 2 Minuten kräftig köcheln lassen und dann über das Hähnchen gießen.

TIPP VOM PROFI

Mit Basmatireis und Mangochutney servieren und mit Rosinen oder gehackten Cashewkernen garnieren.

CURRY AROMABOMBE

GEFÜLLTE KOHLBLÄTTER MIT LAMM UND REIS

6 BIS 8 PORTIONEN

KOHL

- 1 Kopf Weißkohl
- ½ TL Salz

SAUCE

- 60 ml Raps- oder anderes Pflanzenöl
- 1 große Dose stückige Tomaten (800 g)
- 1 Dose passierte Tomaten (400 g)
- 8 Tomatencurry-Aromabomben
- 1 EL gemahlener Ingwer
- 1 EL Currymischung (siehe Curry-Aromabombe, Seite 94)
- Salz nach Geschmack
- Pfeffer nach Geschmack

STUFFING

- 450 g Lammhackfleisch
- 330 g gekochter Reis
- 2 Eier, verquirlt
- 30 g frische Semmelbrösel
- 1 EL gemahlener Ingwer
- 2 EL (8 g) gehackte Petersilie
- 2 TL Currymischung (siehe Curry-Aromabombe Schritt 4, Seite 94)
- 3 EL (45 ml) Worcestershiresauce
- ½ TL Salz
- ¼ TL Pfeffer

1. Kohl putzen, Strunk und welke Außenblätter entfernen.

2. In einem großen Topf Wasser mit dem Salz zum Kochen bringen. Kohlkopf hineingeben und während des Kochens die sich lösenden, weich gewordenen Blätter mit einer Küchenzange entnehmen. Jeweils hartes Ende der Mittelrippe abschneiden. 235 ml Kochwasser abnehmen.

3. Sauce: In einem großen Topf bei mittlerer Hitze das Öl erhitzen. Stückige und passierte Tomaten hinzugeben. Dosen mit 120 ml Kohlwasser ausspülen, dieses ebenfalls hinzugeben. Curry-Aromabomben, Ingwer, Currymischung, Salz und Pfeffer zugeben.

4. Sauce bei geringer bis mittlerer Hitze 1 ¼ Stunde ohne Deckel unter gelegentlichem Rühren köcheln lassen. Bei Bedarf restliches Kohlwasser (120 ml) zugeben. Abschmecken.

5. Füllung: Alle Zutaten in einer großen Schüssel vermischen.

6. Backofen auf 180 °C (Gasherd Stufe 3) vorheizen.

7. Kohlblätter auf einem Schneidebrett auslegen. Am unteren Ende jeweils 3 bis 4 EL (38 bis 50 g) Füllung platzieren, aufrollen und dabei die Seiten einklappen. Zerrissene oder überschüssige Blätter zum Abdecken der Rollen aufbewahren.

8. Etwas Sauce auf dem Boden eines tiefen Backblechs oder einer großen Auflaufform verstreichen. Kohlrouladen mit der „Naht" nach unten nebeneinander einlegen (kleinere innen, größere außen). Etwas Sauce darüber verteilen und mit Kohlblättern bedecken. Form fest mit Alufolie abdecken.

9. 2 Stunden backen. Zum Abdecken genutzte Blätter entfernen und entsorgen. Gefüllte Kohlblätter mit der Sauce servieren.

MIREPOIX AROMABOMBE

ERGIBT CA. 560 G

- 1 kg gelbe Zwiebeln
- 450 g Möhren (ca. 8 mittelgroße)
- 450 g Staudensellerie (ca. 11 Stangen)
- 120 g Butter
- 120 ml natives Olivenöl extra
- ¾ TL Salz
- ½ TL Pfeffer

1. Zwiebeln, Möhren und Sellerie in ca. 6 mm große Würfel schneiden oder im Mixer zerkleinern.

2. In einer großen Pfanne bei geringer bis mittlerer Hitze Olivenöl und Butter erhitzen. Zwiebeln darin ca. 20 Minuten garen.

3. Möhren und Sellerie hinzugeben und abgedeckt unter häufigem Rühren 30 bis 45 Minuten weitergaren. In den letzten 15 Minuten Salz und Pfeffer zugeben. Von der Platte nehmen und beiseitestellen.

4. Mischung abkühlen lassen und dann in Eiswürfelformen oder kleine Dosen füllen und einfrieren. Wenn die Aromabomben gefroren sind, in einen luftdichten Behälter oder verschließbare Gefrierbeutel umfüllen.

SCHON GEWUSST?

Diese unerlässliche Würzbasis aus Möhren, Zwiebeln und Sellerie haben wir dem Koch des französischen Herzogs von Mirepoix aus dem 18. Jahrhundert zu verdanken.

MIREPOIX AROMABOMBE

GERÖSTETE BUTTERNUT-KÜRBISSUPPE

4 PORTIONEN

- **reichlich 1 kg Butternut-Kürbis in Würfeln**
- **60 ml Wasser**
- **8 Mirepoix-Aromabomben**
- **2 EL (30 ml) natives Olivenöl extra**
- **¼ TL Salz**
- **¼ TL Pfeffer**
- **1 große Schalotte, gehackt**
- **2 EL (30 g) Butter**
- **950 ml Hühner- oder Gemüsebrühe**
- **¼ TL geriebene Muskatnuss (optional)**
- **¼ TL gemahlener Ingwer (optional)**

1. Backofen auf 190 °C (Gasherd Stufe 3/4) vorheizen.
2. Kürbis in einer mikrowellengeeigneten Schüssel mit dem Wasser abgedeckt max. 12 Minuten in der Mikrowelle garen. Jeweils nach 4 Minuten umrühren und Gargrad überprüfen.
3. Kürbis und ausgetretene Flüssigkeit auf einem tiefen Backblech verteilen. Mit den Mirepoix-Aromabomben und dem Olivenöl vermischen, salzen und pfeffern. Auf der mittleren Schiene ca. 45 Minuten backen, bis der Kürbis weich ist. Nach der Hälfte der Zeit wenden. Abkühlen lassen.
4. Während der Kürbis backt, in einer kleinen Pfanne bei geringer bis mittlerer Hitze die Schalotte in der Butter ca. 2 Minuten anschwitzen. Beiseitestellen.
5. Kürbis portionsweise jeweils mit etwas Brühe pürieren. Bei einem Mal die angeschwitzten Schalotten hinzugeben und mit pürieren.
6. Pürierten Kürbis in einen großen Suppentopf füllen und unter häufigem Rühren 10 Minuten bei angekipptem Deckel (die Suppe kann spritzen) köcheln lassen. Ggf. Muskatnuss und Ingwer zufügen und bei Bedarf die Suppe mit Wasser oder Brühe etwas verdünnen. 5 Minuten weiterköcheln lassen.

TIPP VOM PROFI

Noch leckerer schmeckt diese Suppe mit etwas geriebenem Parmesan und einem Löffel Salbei-Öl serviert. Für das Öl 1 Salbei-Aromabombe (Seite 36) mit 60 ml Olivenöl glattrühren.

ITALIENISCHE SOFFRITTO AROMABOMBE

ERGIBT CA. 560 G

- **255 g Knoblauch (ca. 3 Knollen), geschält**
- **235 ml natives Olivenöl extra**
- **1,4 kg gelbe Zwiebeln, geschält**
- **1 TL Salz**
- **60 g feingehackte Petersilie**
- **60 g feingehackter Basilikum**
- **½ TL Pfeffer**

1. Knoblauch im Mixer grob hacken. In einer großen Pfanne bei geringer bis mittlerer Hitze das Olivenöl erhitzen und Knoblauch ca. 15 Minuten langsam anschwitzen.

2. Zwiebeln im Mixer grob hacken, in die Pfanne zum Knoblauch geben und abgedeckt unter gelegentlichem Rühren ca. 30 Minuten garen. ½ TL Salz zugeben und ohne Deckel unter häufigem Rühren 30 Minuten weitergaren.

3. Gehackte Kräuter unterrühren. Restlichen ½ TL Salz sowie Pfeffer zugeben. Von der Platte nehmen und beiseitestellen.

4. Mischung abkühlen lassen und dann in Eiswürfelformen oder kleine Dosen füllen oder auf Backpapier löffeln und einfrieren. Wenn die Aromabomben gefroren sind, in einen luftdichten Behälter oder verschließbare Gefrierbeutel umfüllen.

ITALIENISCHE SOFFRITO AROMABOMBE

GEFLÜGEL-HACKBRATEN ODER HACKBÄLLCHEN

4 PORTIONEN BZW. 10 BIS 12 HACKBÄLLCHEN

- 570 g Geflügelhackfleisch
- 120 g frische Semmelbrösel, bei Bedarf mehr
- 1 Ei
- 25 g Parmesan oder Pecorino Romano, gerieben
- 60 g passierte Tomaten oder fertige Tomatensauce
- 2 EL (30 ml) Milch
- 2 EL (30 ml) natives Olivenöl extra
- 4 Italienische Soffritto-Aromabomben
- ½ TL Salz
- ½ TL Pfeffer

FORTSETZUNG >>>

1. Backofen auf 180 °C (Gasherd Stufe 3) vorheizen.
2. Alle Zutaten in einer großen Schüssel vermischen. Dabei nicht zu stark kneten. Wenn die Mischung zu weich ist, mehr Semmelbrösel zugeben.
3. Aus der Hackmischung einen gleichmäßig dicken Braten formen und in eine Auflaufform setzen.
4. Hackbraten ohne Abdeckung ca. 40 Minuten backen, bis die Kerntemperatur 71 °C erreicht. 10 Minuten ruhen lassen. In Scheiben schneiden und servieren.

ABGEWANDELT

Hackbällchen: Nach Schritt 2 aus der Mischung 10 bis 12 Bällchen formen und in 120 ml Olivenöl rundherum goldbraun braten. Mit zwei Löffeln lassen sich die Bällchen einfach wenden.

Italienische Soffrito Aromabombe

Eintopf mit Kalb

4 PORTIONEN

- 1 kg Suppenfleisch vom Kalb, in mundgerechten Stücken
- 60 g gewürztes Mehl (siehe Tipp vom Profi, Seite 74)
- 2 EL (30 ml) natives Olivenöl extra
- 2 EL (30 g) Butter
- 6 Italienische Soffritto-Aromabomben
- 1 EL (16 g) Tomatenmark
- 235 ml Rinderbrühe oder Wasser
- 1 Dose passierte Tomaten (400 g)
- 2 mittelgroße Möhren
- 1 Dose (400 g) Erbsen mit Flüssigkeit (oder TK/frisch)
- 3 kleine vorwiegend festkochende Kartoffeln, geschält und gewürfelt (optional)
- Salz nach Geschmack
- Pfeffer nach Geschmack

1. Kalb im gewürzten Mehl wenden. In einer großen Pfanne oder einem gusseisernen Topf bei mittlerer Hitze das Olivenöl stark erhitzen. Kalb rundherum ca. 10 Minuten anbraten. Der abgegebene Saft bildet die Grundlage für die Sauce.

2. Italienische Soffritto-Aromabomben und Tomatenmark einrühren, dabei eventuell anhaftendes Mehl lösen. 120 ml Rinderbrühe zugeben und weiterrühren. Passierte Tomaten zugeben sowie ggf. die restlichen 120 ml Brühe, um das Fleisch zu bedecken.

3. Hitze reduzieren. Ohne Deckel unter häufigem Rühren 1 Stunde köcheln lassen.

4. Möhren schälen und in Scheiben schneiden. In einer mikrowellen-geeigneten Schüssel mit etwas Wasser abgedeckt ca. 5 Minuten in der Mikrowelle garen. (TK- oder frische Erbsen mitgaren, dann 3 Minuten länger. Bei Verwendung von Kartoffeln diese ebenfalls mitgaren, dann 5 Minuten länger.)

5. Möhren, Erbsen und ggf. Kartoffeln mit in die Pfanne geben. Die Sauce sollte recht dick sein. Wenn sie zu dünn ist, Dosenerbsen ohne Flüssigkeit zugeben. Unter häufigem Rühren mindestens 30 Minuten weiter köcheln lassen, bis das Fleisch sehr weich ist. Mit Salz und Pfeffer abschmecken.

Tipp vom Profi

Wer den Eintopf ohne Kartoffeln zubereitet, kann ihn stattdessen mit Kartoffelpüree servieren – sehr lecker!

Italienische Soffrito Aromabombe

Gefüllte Paprika & Zucchini

6 BIS 8 PORTIONEN

- **4 große rote Paprika**
- **4 mittelgroße Zucchini**
- **225 g Salsiccia (pikante ital. Wurst, roh, ohne Pelle)**
- **120 ml natives Olivenöl extra + zusätzliches zum Beträufeln**
- **1 EL (16 g) Tomatenmark**
- **6 Italienische Soffritto-Aromabomben**
- **500 g stückige oder passierte Tomaten**
- **120 bis 180 g frische Semmelbrösel**
- **40 g Parmesan oder Pecorino Romano, gerieben**
- **2 EL (18 g) Pinienkerne (optional)**
- **1 EL (6 g) entsteinte Oliven in Öl (optional)**
- **1 EL (9 g) Rosinen (optional)**
- **90 g Mozzarella, gerieben**

1. Paprika längs halbieren, Stiel und Kerne entfernen. In einem mikrowellengeeigneten Gefäß mit etwas Wasser 5 Minuten in der Mikrowelle garen.

2. Zucchini putzen und längs halbieren (ggf. auch quer, wenn sie für die Auflaufform zu groß sind). In einem mikrowellengeeigneten Gefäß mit etwas Wasser 5 Minuten in der Mikrowelle garen. Etwas abkühlen lassen. Das Fruchtfleisch mit einem Melonenausstecher herausschaben, klein hacken und beiseitestellen.

3. In einer großen Pfanne bei mittlerer Hitze die Wurst ca. 10 Minuten anbraten, dabei in kleine Stücke teilen. Gehackte Zucchini zufügen und 5 Minuten anschwitzen.

4. Olivenöl, Tomatenmark und Italienische Soffritto-Aromabomben unterrühren. 250 g stückige oder passierte Tomaten zufügen und unter häufigem Rühren 10 Minuten köcheln lassen.

5. 120 g Semmelbrösel hinzufügen. Wenn die Füllung zu feucht ist, weitere 60 g zugeben. Von der Platte nehmen und etwas abkühlen lassen. Geriebenen Parmesan einrühren. Pinienkerne, Oliven und ggf. Rosinen unterrühren.

6. Backofen auf 180 °C (Gasherd Stufe 3) vorheizen. Auflaufform einfetten.

7. Zucchini- und Paprikahälften jeweils mit 2 bis 3 EL (25 bis 37 g) von der Masse füllen, in die Auflaufform setzen und mit geriebenem Mozzarella bestreuen. Restliche 250 g Tomaten mit dem Löffel darüber verteilen und mit etwas Öl beträufeln.

8. Auflaufform fest mit Alufolie abdecken. Ca. 45 Minuten backen, bis alles köchelt.

BRÜHE- & SAUCEN-AROMA BOMBEN

BÉCHAMEL AROMA BOMBE
GEMÜSE-BRÜHE AROMA BOMBE
HÜHNER-BRÜHE AROMA BOMBE

BÉCHAMEL AROMABOMBE

ERGIBT CA. 670 G

- **120 g Butter**
- **120 g gewürztes Mehl (siehe Tipp vom Profi, Seite 74)**
- **700 ml Milch (Fettgehalt nach Geschmack) + nach Bedarf mehr**
- **½ TL geriebene Muskatnuss**
- **Salz nach Geschmack**
- **Pfeffer nach Geschmack**

1. In einem 3-Liter-Topf Butter bei mittlerer Hitze schmelzen. Mehl einrühren und unter ständigem Rühren mit dem Schneebesen ca. 3 Minuten anschwitzen.

2. Nach und nach mit dem Schneebesen die Milch einrühren, bis sich alles verbunden hat. Hitze reduzieren und unter Rühren weitere 3 bis 5 Minuten köcheln lassen. Mehr Milch hinzugeben, wenn die Sauce zu dick ist.

3. Muskatnuss einrühren. Mit Salz und Pfeffer abschmecken. Von der Platte nehmen und beiseitestellen.

4. Mischung abkühlen lassen und dann in Eiswürfelformen oder kleine Dosen füllen und einfrieren. Wenn die Aromabomben gefroren sind, in einen luftdichten Behälter oder verschließbare Gefrierbeutel umfüllen.

PIC 101

BÉCHAMEL AROMABOMBE

KARTOFFEL-LAUCH-GRATIN

4 PORTIONEN

- **225 g Lauch (ca. 3 Stangen)**
- **3 Gemüsebrühe-Aromabomben (Seite 138) oder 6 EL (90 ml) fertige Gemüsebrühe**
- **1 EL (15 g) Butter**
- **60 ml Wasser**
- **¼ TL Salz**
- **¼ TL Pfeffer**
- **450 g vorwiegend festkochende Kartoffeln, geschält und in dünne Scheiben geschnitten (möglichst mit dem Hobel)**
- **Käsesauce (Seite 120), mit nur 2 EL (30 ml) Milch hergestellt**
- **Milch nach Bedarf**
- **2 bis 3 EL (8 bis 12 g) frische Semmelbrösel**

1. Lauch von den äußeren Blättern befreien, in etwa 13 mm breite Ringe schneiden und in einer großen Schüssel mit Wasser waschen. Abgießen und ggf. abspülen.

2. In einer Pfanne bei mittlerer Hitze die Gemüsebrühe-Aromabomben, die Butter und das Wasser zum Köcheln bringen. Lauch zugeben und ca. 15 Minuten schmoren. Mit Salz und Pfeffer abschmecken.

3. Lauch mit Schaumlöffel oder Pfannenwender entnehmen, in eine Schüssel füllen und ausdrücken. Flüssigkeit zurück in die Pfanne geben. Lauch beiseitestellen.

4. Kartoffeln in die Pfanne geben und mit der Flüssigkeit vermischen. Abdecken und bei geringer Hitze unter gelegentlichem Rühren ca. 5 Minuten garen. Bei Bedarf mehr Wasser zugeben.

5. Backofen auf 190 °C (Gasherd Stufe 3/4) vorheizen. Runde (Durchmesser ca. 23 cm) oder eckige Auflaufform einfetten.

6. Kartoffeln im Wechsel mit Lauch und Käsesauce in die Form schichten, dabei etwas Käsesauce aufheben. Die oberste Schicht bilden Kartoffelscheiben.

7. Restliche Käsesauce mit etwas Milch verrühren und über das Gratin gießen. Mit Semmelbröseln bestreuen.

8. Gratin mit Alufolie abdecken und 40 Minuten backen. Folie entfernen und weitere 20 Minuten goldbraun backen. Vor dem Servieren 10 Minuten ruhen lassen.

TIPP VOM PROFI

Dieses Rezept funktioniert auch mit anderen Gemüsesorten.

BÉCHAMEL AROMABOMBE

KÄSESAUCE

4 PORTIONEN

- **3 Béchamel-Aromabomben**
- **115 g geriebener Käse (Cheddar, Fontina oder Gruyère)**
- **3 bis 4 EL (45 bis 60 ml) fettarme Milch**

1. In einem kleinen Topf bei geringer bis mittlerer Hitze die Béchamel-Aromabomben schmelzen.
2. Mit einem Schneebesen den Käse und anschließend die Milch einrühren, bis der Käse schmilzt und die Sauce glatt wird.
3. Erhitzen, bis die Sauce zu köcheln beginnt oder die gewünschte Sämigkeit erreicht.

TIPP VOM PROFI

Diese Sauce lässt sich vielseitig einsetzen: zu Gemüse, für Nudelgerichte oder in Gratins.

BÉCHAMEL AROMABOMBE

GARNELEN-TÖRTCHEN

MAKES 45

- **340 g Garnelen, geschält und entdarmt (beliebige Größe)**
- **½ TL Knoblauchpulver**
- **1 EL (15 ml) natives Olivenöl extra**
- **60 g Butter**
- **1 große Schalotte, gehackt**
- **170 g weiße Mini-Champignons oder 4 Umami-Aromabomben (Seite 70)**
- **3 EL (45 ml) Sherry**
- **1 EL (15 ml) Sojasauce**
- **6 Béchamel-Aromabomben**
- **Salz nach Geschmack**
- **Pfeffer nach Geschmack**
- **90 g Gruyère, gerieben**
- **ca. 40 fertige Mini-Blätterteigpasteten**

1. Garnelen abspülen und trockentupfen. Ca. 20 Minuten in den Tiefkühler legen (erleichtert das Schneiden). Pasteten nach Packungsanleitung aufbacken.

2. Garnelen in mundgerechte Stücke schneiden. Mit Knoblauchpulver und Olivenöl vermischen und beiseitestellen.

3. In einem mittelgroßen Topf bei mittlerer Hitze die Butter erhitzen und Schalotten 2 bis 3 Minuten anschwitzen.

4. Bei Verwendung frischer Pilze (statt Umami-Aromabomben): Abspülen, trockentupfen und fein hacken. Bei mittlerer Hitze mitdünsten, bis sie braun sind und die ausgetretene Flüssigkeit verdampft ist (ca. 5 Minuten). Bei Verwendung frischer Pilze den Sherry und die Sojasauce zugeben und aufkochen. Pilz-Schalotten-Mischung entnehmen und beiseitestellen.

5. Garnelen im Topf bei mittlerer Hitze anschwitzen, bis sie rosa sind (3 bis 4 Minuten). (Bei Verwendung der Umami-Aromabomben sind die Schalotten noch im Topf).

6. Umami-Aromabomben (falls verwendet), Sherry und Sojasauce (wenn nicht bereits verwendet) einrühren und ca. 2 Minuten köcheln lassen. Falls frische Pilze verwendet wurden, diese nun zurück zu den Garnelen in den Topf geben.

7. Béchamel-Aromabomben und Gruyère einrühren. Mit Salz und Pfeffer abschmecken.

8. Garnelenmasse mit einem kleinen Löffel in die Pasteten füllen und sofort servieren.

BÉCHAMEL AROMABOMBE

BREAKFAST GRAVY

2 BIS 4 PORTIONEN

- **225 g rohe Bratwurst (ohne Pelle)**
- **4 Béchamel-Aromabomben**
- **120 ml Sahne oder Vollmilch**
- **¼ TL geriebene Muskatnuss**
- **Pfeffer nach Geschmack**

1. In einer antihaftbeschichteten Pfanne bei mittlerer bis starker Hitze das Wurstbrät durchbraten, bis es braun ist (ca. 7 Minuten).

2. Béchamel-Aromabomben untermischen. Sahne bzw. Milch zugeben und ca. 2 Minuten unter häufigem Rühren köcheln lassen, bis die Sauce andickt. Muskatnuss und Pfeffer einrühren.

3. Mit Buttermilchbrötchen servieren (siehe unten).

BUTTERMILCHBRÖTCHEN

ERGIBT 10 STÜCK

- **250 g Mehl**
- **2 TL Backpulver**
- **1¼ TL Salz**
- **½ TL Natron**
- **180 g sehr kalte Butter, gewürfelt, oder 120 g Butter und 4 Rinderbrühe-Aromabomben (Seite 124)**
- **175 ml sehr kalte Buttermilch**
- **1 Ei, verquirlt**

1. Im Mixer (alternativ per Hand) Mehl, Backpulver, Salz und Natron kurz vermischen. Butter hinzufügen und erneut kurz vermischen, bis noch erbsengroße Butterstücke zu sehen sind.

2. Alles in eine große Schüssel füllen. Buttermilch am Rand angießen und mit einem Teigspachtel einarbeiten, bis sich ein Teig bildet.

3. Teig auf die leicht bemehlte Arbeitsfläche legen. Mit leichtem Kneten zügig einen Teig formen und 4 cm dick flachdrücken.

4. Etwa 10 Kreise mit ca. 7,5 cm Durchmesser ausstechen, dabei Ausstechform nicht drehen.

5. Auf ein Backblech legen und ca. 30 Minuten in den Kühlschrank stellen.

6. Backofen auf 190 °C (Gas 3/4) vorheizen. Brötchen mit dem Ei bestreichen. 30 bis 35 Minuten backen, bis sie goldbraun und aufgegangen sind.

RINDERBRÜHE AROMABOMBE

ERGIBT CA. 1,3 L

- 1 kg Rinderknochen (z. B. aus dem Nacken)
- 450 g Lamm- oder Kalbsknochen
- 1 gelbe Zwiebel, mit Schale, halbiert
- 2 mittelgroße Möhren, geschält und geviertelt
- 2 Selleriestangen, geviertelt
- 1 EL (15 ml) Pflanzenöl
- 4 l Wasser
- 235 ml heißes Wasser
- 2 Lorbeerblätter
- 1 ganze Nelke
- 1 EL Pfefferkörner
- ½ TL Salz
- 1 Zweig Thymian oder Rosmarin

1. Backofen auf 150 °C (Gasherd Stufe 1/2) vorheizen.

2. Knochen, Zwiebeln, Möhren und Sellerie auf ein Backblech legen und mit dem Öl vermischen. Eine Stunde im Ofen rösten.

3. Knochen und Gemüse in einen großen Suppentopf umfüllen. Mit 4 l Wasser bedecken. Bodensatz mit 235 ml heißem Wasser vom Blech lösen und die Flüssigkeit mit in den Topf geben.

4. Lorbeerblätter, Nelke, Pfefferkörner, Salz und Thymian bzw. Rosmarin in den Topf geben und aufkochen. Ohne Deckel mindestens 6 Stunden bei geringer Hitze köcheln lassen.

5. Brühe durch ein Sieb abseihen, Gemüse ausdrücken. Beiseitestellen. Feste Bestandteile entsorgen.

6. Brühe nach dem Abkühlen in den Kühlschrank stellen, bis sich oben eine feste Fettschicht bildet. Diese entfernen und einfrieren (verwendbar für Pie-Teig, Seite 69, und Brötchen, Seite 122).

7. Die gelierte Brühe leicht erhitzen, damit sie zum Einfrieren in Eiswürfelformen oder kleine Dosen gefüllt werden kann. Wenn die Aromabomben gefroren sind, in einen luftdichten Behälter oder verschließbare Gefrierbeutel umfüllen.

RINDERBRÜHE AROMABOMBE

RUMPSTEAKS MIT COGNAC-SAUCE

2 PORTIONEN

- **2 Rumpsteaks (je 280 g), ca. 2,5 cm dick**
- **¼ TL Salz + zusätzliches zum Abschmecken**
- **¼ TL Pfeffer + zusätzlicher zum Abschmecken**
- **1 EL (15 g) Butter**
- **2 EL (20 g) gehackte Schalotten (ca. 1 kleine Schalotte)**
- **1 EL (8 g) Mehl**
- **60 ml Cognac**
- **3 Rinderbrühe-Aromabomben**

1. Backofen auf 150 °C (Gasherd Stufe 1/2) vorheizen.

2. Ein Gitter auf ein flaches Blech legen. Steaks salzen und pfeffern und auf das Gitter legen. 20 Minuten im Ofen garen, danach herausnehmen.

3. In einer mittelgroßen Pfanne bei mittlerer bis starker Hitze die Butter erhitzen und das Fleisch 3 Minuten pro Seite anbraten. Aus der Pfanne nehmen und bei niedriger Temperatur im Ofen warmhalten.

4. Schalotten bei mittlerer Hitze 2 Minuten in der Pfanne anschwitzen. Mit einem Schneebesen das Mehl einrühren. Cognac einrühren und ca. 2 Minuten köchelnd reduzieren lassen. Rinderbrühe-Aromabomben einrühren und ca. 1 Minute weiter köcheln lassen. Mit Salz und Pfeffer abschmecken.

5. Sauce über die Steaks gießen und sofort servieren.

TIPP VOM PROFI

Wenn man die Steaks vor dem Anbraten bei niedriger Temperatur im Ofen gart, trocknen die äußeren Schichten nicht so aus.

RINDERBRÜHE AROMABOMBE

RINDERFILET MIT ROTWEIN-REDUKTION

2 PORTIONEN

- 2 Filetsteaks vom Rind (je 170 g)
- ¼ TL Salz + zusätzliches zum Abschmecken
- ¼ TL Pfeffer + zusätzlicher zum Abschmecken
- 1 EL (15 g) Butter
- 2 EL (20 g) gehackte Schalotten (ca. 1 kleine Schalotte)
- 60 ml Rotwein (z. B. Pinot Noir, Chianti oder Cabernet)
- 3 Rinderbrühe-Aromabomben

1. Backofen auf 150 °C (Gasherd Stufe 1/2) vorheizen.

2. Steaks salzen und pfeffern. In einer mittelgroßen Pfanne bei mittlerer bis starker Hitze die Butter erhitzen und die Steaks ca. 1 Minute auf jeder Seite anbraten.

3. Wenn die Pfanne ofenfest ist, direkt in den Ofen stellen; anderenfalls Steaks in eine Auflaufform legen und in den Ofen stellen. 15 Minuten garen, dann sind die Steaks medium. (Wer es durchgegart mag, verlängert die Garzeit.) Steaks entnehmen und auf einem Teller warmhalten, der 1 Minute in der Mikrowelle erwärmt wurde.

4. Während die Steaks ruhen, Schalotten bei mittlerer Hitze 2 Minuten in der Steakpfanne anschwitzen. Mit dem Wein ablöschen und 1 bis 2 Minuten köchelnd reduzieren lassen. Rinderbrühe-Aromabomben einrühren und ca. 1 Minute weiter köcheln lassen. Mit Salz und Pfeffer abschmecken.

5. Pfannensauce über die Steaks gießen und sofort servieren.

RINDERBRÜHE AROMABOMBE

BŒUF BOURGUIGNON

4 PORTIONEN

- 1 kg Rindernackenbraten ohne Knochen
- ¼ TL Salz
- ¼ TL Pfeffer
- 1 EL (15 ml) Pflanzenöl oder Schmalz
- 6 Rinderbrühe-Aromabomben
- 6 Suppengrün-Aromabomben (Seite 62) oder Mirepoix-Aromabomben (Seite 102) oder 1 mittelgroße Möhre, 1 Selleriestange und 1 kleine Zwiebel, gewürfelt und angeschwitzt
- 1 EL (16 g) Tomatenmark
- 1 EL (16 g) Misopaste oder 1 EL (15 ml) Sojasauce
- 2 Lorbeerblätter
- 1 EL (4 g) gehackter frischer oder ½ EL getrockneter Rosmarin
- 475 ml Rotwein (z. B. Pinot Noir oder Chianti; nicht zu stark)
- 60 ml Wasser

1. Backofen auf 150 °C (Gasherd Stufe 1/2) vorheizen.

2. Braten von Fett befreien und in 5 cm große Stücke schneiden. Salzen und pfeffern.

3. In einem großen gusseisernen Topf bei mittlerer bis starker Hitze das Pflanzenöl oder Schmalz stark erhitzen. Fleischstücke rundherum braun anbraten (8 bis 10 Minuten). Dabei alle Stücke in einer Lage anbraten (damit sie nicht kochen), ggf. Menge teilen. Am Topfboden soll sich ein Fond (braune Schicht) bilden.

4. Rinderbrühe-Aromabomben, Suppengrün-/Mirepoix-Aromabomben (bzw. Gemüse), Tomatenmark und Misopaste bzw. Sojasauce in den Topf geben. Bodensatz lösen und bei mittlerer Hitze unter Rühren 2 Minuten köcheln lassen.

5. Lorbeerblätter, Rosmarin und Wein hinzugeben und 2 Minuten köcheln lassen. Wasser einrühren.

6. Topfdeckel aufsetzen und in den Ofen stellen. 2 Stunden garen, dabei nach einer Stunde umrühren. Lorbeerblätter entfernen. Sofort servieren.

TIPP VOM PROFI

Es ist immer besser, einen ganzen Braten zu kaufen statt fertiges Gulasch. So können Sie sich sicher sein, dass alles vom gleichen Stück kommt.

HÜHNERBRÜHE AROMABOMBE

ERGIBT CA. 1,1 L

- **1,8 kg Hähnchenteile (Flügel, Oberkeulen, Unterkeulen) oder Suppenhuhn**
- **3 l Wasser**
- **1 mittelgroße Möhre, geschält und geviertelt**
- **1 Selleriestange, geviertelt**
- **1 mittelgroße gelbe Zwiebel, mit Schale, geviertelt**
- **2 Lorbeerblätter**
- **1 EL Salz**

1. Huhn in einem großen Suppentopf mit dem Wasser bedecken und bis zum Siedepunkt erhitzen (NICHT kochen).

2. Hitze reduzieren und 2 bis 3 Stunden köcheln lassen. Dabei immer wieder Schaum abschöpfen.

3. Möhre, Sellerie, Zwiebel, Lorbeerblätter und Salz zugeben und weitere 3 Stunden köcheln lassen.

4. Brühe durch ein Sieb abseihen. Gemüse ausdrücken. Beiseitestellen. Feste Bestandteile entsorgen (eventuell noch intakte größere Fleischstücke nach Belieben weiterverarbeiten).

5. Brühe nach dem Abkühlen in den Kühlschrank stellen, bis sich oben eine feste Fettschicht bildet. Dieses „Schmalz“ entfernen und einfrieren (zur Verwendung siehe folgende Rezepte).

6. Die gelierte Brühe leicht erhitzen, damit sie zum Einfrieren in Eiswürfelformen oder kleine Dosen gefüllt werden kann. Wenn die Aromabomben gefroren sind, in einen luftdichten Behälter oder verschließbare Gefrierbeutel umfüllen.

HÜHNERBRÜHE AROMABOMBE

RÖMISCHE EIER-FLOCKENSUPPE

2 PORTIONEN

- **4 Eier**
- **¼ TL geriebene Muskatnuss**
- **90 g Parmesan, gerieben**
- **2 EL (30 ml) frischer Zitronensaft**
- **2 EL (8 g) gehackte frische Petersilie**
- **½ TL Salz**
- **12 Hühnerbrühe-Aromabomben**
- **235 ml Wasser**
- **Pfeffer (optional)**
- **natives Olivenöl extra (optional)**

1. Eier in einer kleinen Schüssel kurz verquirlen.

2. Muskatnuss mit dem geriebenen Käse vermischen und dann unter die Eier rühren. Zitronensaft, Petersilie und Salz zufügen.

3. In einem großen Topf Aromabomben und Wasser sprudelnd aufkochen. Eiermischung in einem dünnen Strahl durch einen Schneebesen eingießen, wobei „Bänder" entstehen. Mit dem Schneebesen umrühren. 1 bis 2 Minuten kochen, bis das Ei durchgegart ist.

4. Mit Pfeffer bestreuen und ggf. mit Olivenöl beträufeln. Sofort servieren.

TIPP VOM PROFI

Diese Suppe wird traditionell mit Hühnerbrühe zubereitet, ist aber mit Rinder- und/oder Gemüsebrühe genauso köstlich.

HÜHNERBRÜHE AROMABOMBE

HÜHNEREINTOPF MIT KLÖSSCHEN

4 PORTIONEN

HÜHNEREINTOPF

- **700 g Hähnchenoberkeulen ohne Haut**
- **30 g gewürztes Mehl (siehe Tipp vom Profi, Seite 74)**
- **2 EL Butter (30 g), Pflanzenöl (30 ml) oder Hühnerschmalz (26 g)**
- **4 Mirepoix-Aromabomben (Seite 102)**
- **8 Hühnerbrühe-Aromabomben**
- **1,5 l Wasser oder Hühnerbrühe**
- **Salz nach Geschmack**
- **Pfeffer nach Geschmack**

KLÖSSCHEN

- **120 g Mehl**
- **¼ TL Natron**
- **½ TL Salz**
- **80 ml kalte Buttermilch**
- **2 EL (30 g) Butter, geschmolzen und abgekühlt**
- **1 Eiklar von einem großen Ei**

1. Hühnereintopf: Hähnchenteile im gewürzten Mehl wenden.

2. In einem großen gusseisernen Topf bei mittlerer bis starker Hitze die Butter (bzw. Pflanzenöl/Schmalz) stark erhitzen. Hähnchenteile auf jeder Seite 5 Minuten anbraten.

3. Mirepoix-Aromabomben hinzufügen und verrühren (alternativ 2 Möhren, 2 Selleriestangen und 1 kleine Zwiebel, alles gewürfelt, zusammen mit dem Huhn ca. 8 Minuten anbraten). Hühnerbrühe-Aromabomben und Wasser bzw. Hühnerbrühe zufügen. Aufkochen, Hitze reduzieren und mindestens 1 Stunde köcheln lassen.

4. Hähnchenteile entnehmen, abkühlen lassen und Fleisch in mundgerechte Stücke schneiden oder reißen. Bei Bedarf Fett von der Brühe abnehmen und Fleisch zurück in den Topf geben.

5. Klößchen: In einer großen Schüssel Mehl, Natron und Salz mischen.

6. In einer separaten Schüssel Buttermilch und Butter verrühren, bis sich Klümpchen bilden. Eiklar mit dem Schneebesen einrühren.

7. Buttermilchmischung zur Mehlmischung geben. Mit einem Teigschaber grob vermengen, bis sich ein Teig bildet.

8. Hühnereintopf wieder zum Köcheln bringen. Mit Salz und Pfeffer abschmecken. Klößchenteig esslöffelweise in den Eintopf legen, dabei auf ca. 5 mm Abstand achten. Der Teig sollte 10 bis 12 Klößchen ergeben.

9. Eintopf abgedeckt leise köcheln lassen, bis die Klößchen ihre Größe verdoppelt haben (ca. 15 Minuten). Sofort servieren.

HÜHNERBRÜHE AROMABOMBE

HÄHNCHEN-PICCATA

3 PORTIONEN

- **6 Hähnchenbrustfilets (je ca. 170 g)**
- **40 g gewürztes Mehl (siehe Tipp vom Profi, Seite 74)**
- **50 g Hühnerschmalz (optional)**
- **60 g Butter oder 60 ml Pflanzenöl**
- **1 EL (10 g) gehackte Schalotten (optional)**
- **60 ml trockener Weißwein**
- **3 Hühnerbrühe-Aromabomben**
- **3 EL (45 ml) Zitronensaft**
- **2 EL (18 g) Kapern**

1. Hähnchenbrustfilets von Fett und Sehnen befreien, abspülen, trockentupfen. In dünne Scheiben schneiden oder wie Schnitzel klopfen. Im Mehl wenden.

2. In einer mittelgroßen Pfanne bei mittlerer Hitze Schmalz (falls verwendet) und Butter bzw. Pflanzenöl stark erhitzen. Nacheinander die Schnitzel 3 bis 4 Minuten pro Seite goldbraun braten. Entnehmen und abgedeckt in einem Serviergefäß bei geringer Hitze im Ofen warmhalten.

3. Schalotten in der gleichen Pfanne bei geringer Hitze unter Rühren 2 Minuten anschwitzen.

4. Mit Wein ablöschen und Bodensatz lösen. 2 Minuten köcheln lassen. Hühnerbrühe-Aromabomben, Zitronensaft und Kapern zufügen. 2 bis 3 Minuten köchelnd etwas eindicken lassen. Schnitzel zurück in die Pfanne geben, mit der Sauce überziehen. Sofort servieren.

TIPP VOM PROFI

Keine Schalotten zur Hand? Kein Problem, durch die Kapern und den Zitronensaft schmeckt es auch ohne sie sehr aromatisch.

HÜHNERBRÜHE AROMABOMBE

HÄHNCHENSCHNITZEL MIT SUPPENGRÜN-SAUCE

3 BIS 4 PORTIONEN

- **6 Hähnchenbrustfilets (je 170 g)**
- **40 g gewürztes Mehl (siehe Tipp vom Profi, Seite 74)**
- **50 g Hühnerschmalz (optional)**
- **60 g Butter oder 60 ml Pflanzenöl**
- **3 Hühnerbrühe-Aromabomben**
- **1 TL Misopaste**
- **Salz nach Geschmack**
- **Pfeffer nach Geschmack**
- **6 Suppengrün-Aromabomben**

1. Hähnchenbrustfilets von Fett und Sehnen befreien, abspülen, trockentupfen. In dünne Scheiben schneiden oder wie Schnitzel klopfen. Im Mehl wenden.

2. In einer mittelgroßen Pfanne bei mittlerer Hitze Schmalz (falls verwendet) und Butter bzw. Pflanzenöl stark erhitzen. Nach und nach die Schnitzel 3 bis 4 Minuten pro Seite goldbraun braten. Entnehmen und in einem Serviergefäß warmhalten.

3. Pfanne etwas abkühlen lassen. Hühnerbrühe-Aromabomben und Misopaste darin 2 Minuten köcheln lassen. Mit Salz und Pfeffer abschmecken. Wenn die Sauce zu salzig ist, Wasser oder Brühe zugeben.

4. Suppengrün-Aromabomben (oder andere Bomben, siehe Hinweis) zufügen und 2 Minuten köcheln lassen. Sauce über die Schnitzel gießen und servieren.

ABGEWANDELT

Statt der Suppengrün-Aromabomben können Sie auch 6 andere Gemüse-Aromabomben (Seite 60) verwenden. Auch Kräuterpesto-Aromabomben (Seite 20) sind möglich, dann aber nur 2 verwenden, da ihre Aromen stärker sind.

GEMÜSEBRÜHE AROMABOMBE

ERGIBT CA. 1,3 L

- **5 mittelgroße Möhren, geschält**
- **2 große mehlig kochende Kartoffeln, geschält**
- **1 Speiserübe, geschält**
- **1 Stück Knollensellerie, geschält**
- **2 Lauchstangen**
- **1 mittelgroße gelbe Zwiebel, mit Schale, halbiert**
- **60 ml Wasser + 4 l Wasser**
- **kleiner Bund Petersilie**
- **2 Lorbeerblätter**
- **2 EL (5 g) frischer Thymian oder 1 EL getrockneter Thymian**
- **1 EL (16 g) Tomatenmark**
- **1 EL (16 g) Misopaste**
- **1 EL Pfefferkörner**

1. Möhren, Kartoffeln, Rübe und Knollensellerie in 5 cm große Stücke schneiden.

2. Lauch von den äußeren Blättern befreien, in Scheiben schneiden und in einer großen Schüssel mit Wasser waschen. Abgießen und ggf. abspülen.

3. In einem großen Topf bei geringer Hitze das Gemüse (Möhren, Kartoffeln, Rübe, Knollensellerie, Lauch, Zwiebel) in den 60 ml Wasser zunächst mit, dann ohne Deckel dünsten, bis sich am Topfboden ein Fond (braune Schicht) zu bilden beginnt (ca. 20 Minuten).

4. Petersilie, Lorbeerblätter, Thymian, Tomatenmark, Misopaste und Pfefferkörner zugeben und umrühren.

5. Mit den restlichen 4 l Wasser bedecken und aufkochen. Hitze reduzieren und ohne Deckel 3½ Stunden köcheln lassen.

6. Brühe durch ein Sieb abseihen, Gemüse ausdrücken. Beiseitestellen. Feste Bestandteile entsorgen.

7. Brühe abkühlen lassen und dann in Eiswürfelformen oder kleine Dosen füllen und einfrieren. Wenn die Aromabomben gefroren sind, in einen luftdichten Behälter oder verschließbare Gefrierbeutel umfüllen.

GEMÜSEBRÜHE AROMABOMBE

GLASIERTE MALFATTI-GNOCCHI

4 PORTIONEN

- **1,2 l Salzwasser**
- **30 Malfatti-Gnocchi (Seite 142)**
- **2 EL (30 g) Butter**
- **3 Gemüsebrühe-Aromabomben**
- **1 Salbei-Aromabombe (Seite 36) oder 1 EL (2 g) gehackter frischer Salbei und 1 EL (10 g) gehackte, angeschwitzte Schalotte**
- **Salz nach Geschmack**
- **Pfeffer nach Geschmack**
- **geriebener Parmesan nach Geschmack**
- **natives Olivenöl extra (optional)**

1. In einem Topf das Wasser zum Kochen bringen. Gnocchi 7 bis 8 Minuten kochen, bis sie oben schwimmen und fester geworden sind.

2. Gnocchi mit einem Schaumlöffel aus dem Wasser nehmen, in eine Schüssel umfüllen und abgedeckt bei geringer Hitze im Ofen warmhalten.

3. 475 ml vom Kochwasser (Rest entsorgen) bei mittlerer bis hoher Hitze auf die Hälfte reduzieren (ca. 5 Minuten).

4. Butter, Gemüsebrühe-Aromabomben und Salbei-Aromabombe zugeben und köcheln lassen. Mit Salz und Pfeffer abschmecken.

5. Sauce über die Gnocchi gießen. Mit geriebenem Parmesan bestreuen, mit Olivenöl (falls verwendet) beträufeln und sofort servieren.

FORTSETZUNG >>>

MALFATTI GNOCCHI

4 PORTIONEN

- **450 g Ricotta**
- **280 g TK-Spinat, gehackt, aufgetaut**
- **3 große Eier**
- **120 g Parmesan oder Pecorino Romano, gerieben**
- **2 EL (30 g) Mascarpone oder 3 Béchamel-Aromabomben (Seite 116)**
- **120 g Butter, geschmolzen und abgekühlt**
- **1 TL Salz**
- **¼ TL frisch gemahlener schwarzer Pfeffer**
- **60 g Mehl, gewürzt mit Salz, Pfeffer und Knoblauchpulver + zusätzliches zum Formen**

1. Große Schüssel mit Küchenpapier und Mulltuch auslegen. Ricotta hineinlegen und durch festes Verdrehen der Tuchenden den Käse ausdrücken. Flüssigkeit entsorgen, Ricotta in die Schüssel geben.

2. Ebenso den gehackten Spinat ausdrücken. Spinat mit Ricotta vermengen.

3. Eier verquirlen und mit Ricotta und Spinat verrühren. Geriebenen Käse, Mascarpone bzw. Béchamel-Aromabomben, Butter, Salz, Pfeffer und Mehl ebenfalls unterrühren.

4. Einen Teelöffel Mehl in ein Weinglas geben und einen gehäuften Esslöffel der Ricotta-Mischung hineinfallen lassen. Glas schwenken, ggf. schnell hin- und herrütteln, bis eine ovale Form entsteht.

5. Klößchen auf einem Tablett ablegen. Mit dem restlichen Teig weiter so verfahren, dabei nach Bedarf neues Mehl in das Glas füllen. Jetzt können die Gnocchi (ca. 30) auch eingefroren werden.

6. Gnocchi kochen: 1½ l Salzwasser zum Kochen bringen, Klößchen portionsweise hineingeben und ca. 8 Minuten kochen, bis sie oben schwimmen.

7. Mit einem Schaumlöffel entnehmen, in ein Serviergefäß umfüllen und abgedeckt warmhalten.

8. Mit Gemüsebrühe-Glace (Seite 141), Béchamelsauce (Seite 74) oder Tomatensauce servieren.

SCHON GEWUSST?

‚Malfatti' heißt auf Italienisch „schlecht gemacht".

Gemüsebrühe Aromabombe

Geschmorter Pak Choi

4 PORTIONEN

- **1 kg Pak Choi (ca. 6 Köpfe)**
- **9 Gemüsebrühe-Aromabomben**
- **3 EL Butter (42 g) oder natives Olivenöl extra (45 ml)**
- **Salz nach Geschmack**
- **Pfeffer nach Geschmack**

1. Trockene Enden der Pak-Choi-Köpfe abschneiden, dann längs halbieren. Gründlich waschen, dabei auch zwischen den Blättern spülen.

2. In einer großen Pfanne bei mittlerer bis starker Hitze die Gemüsebrühe-Aromabomben und die Butter bzw. das Olivenöl erhitzen. Pak Choi zugeben, Hitze reduzieren und abgedeckt 10 Minuten schmoren. Mit einer Küchenzange die Hälften umdrehen und noch einmal abgedeckt 10 Minuten schmoren. Pak Choi entnehmen und abgedeckt bei geringer Hitze im Ofen warmhalten.

3. Die Schmorflüssigkeit 2 bis 3 Minuten kräftig köcheln lassen, um sie zu reduzieren. Mit Salz und Pfeffer abschmecken. Wenn die Brühe zu salzig ist, etwas Wasser zufügen und wieder etwas reduzieren. Brühe über den Pak Choi gießen und servieren.

GEMÜSEBRÜHE AROMABOMBE

GEBACKENE ENDIVIE

4 PORTIONEN

- **1 Kopf glatte Endivie (Escariol)**
- **5 EL (75 ml) natives Olivenöl extra + zusätzliches zum Beträufeln**
- **4 Italienische Soffritto-Aromabomben (Seite 106)**
- **9 Gemüsebrühe-Aromabomben**
- **¼ TL Salz**
- **¼ TL Pfeffer**
- **60 ml Wasser**
- **2 EL (12 g) entsteinte Oliven, grob gehackt (Kalamata oder schwarze)**
- **1 EL (9 g) Kapern, abgegossen**
- **2 EL (18 g) Rosinen**
- **1½ EL (14 g) Pinienkerne**
- **2 EL (14 g) Parmesan oder Pecorino Romano, gerieben**
- **3 EL (12 g) frische Semmelbrösel oder Panko**

1. Backofen auf 180 °C (Gasherd Stufe 3) vorheizen.

2. Trockenes Ende des Salatkopfs abschneiden, aber den Kern intakt lassen. Unansehnliche äußere Blätter entfernen. Salatkopf längs halbieren und dann in Viertel schneiden. In einer großen Schüssel mit Wasser waschen und zweimal spülen.

3. In einer großen Pfanne bei mittlerer bis starker Hitze das Olivenöl, die Italienischen Soffritto-Aromabomben und die Gemüsebrühe-Aromabomben zusammen zum Köcheln bringen.

4. Endivie hinzugeben und 3 Minuten köcheln lassen. Viertel mit einer Küchenzange wenden, dabei mit der Flüssigkeit überziehen. Salz, Pfeffer und Wasser zugeben und 5 Minuten weiter köcheln lassen. Endivie in eine Auflaufform umfüllen.

5. Schmorflüssigkeit bei mittlerer bis starker Hitze ca. 1 Minute reduzieren lassen.

6. Oliven, Kapern, Rosinen, Pinienkerne und 1 EL (7 g) geriebenen Käse über die Endivienviertel streuen. Mit der Hälfte der Schmorflüssigkeit begießen. Semmelbrösel und restlichen geriebenen Käse gleichmäßig darüberstreuen. Mit der restlichen Schmorflüssigkeit begießen und mit Olivenöl beträufeln.

7. Endivie 20 bis 30 Minuten backen, bis sie oben braun wird. Sofort servieren.

INDEX

INDEX

INDEX

DANKSAGUNG

Ich danke Gott, der Erde und Mutter Natur für die reichen Gaben, die sie mir für meine kulinarische Arbeit schenken. Es ist ein Segen, Zugang zu frischen, gesunden und natürlichen Lebensmitteln zum Zubereiten all dieser Gerichte zu haben.

Ich danke meiner Familie und meinen Freunden, dass sie mich bei der Entwicklung meiner Flavor Bombs™ unterstützt und mich zum Schreiben von „Kochen mit Aromabomben" ermuntert haben. Meine Kinder Veronica, Michael und Thomas haben mich dazu inspiriert, wohlschmeckendes und gesundes Essen zu kochen, um sie zu aufgeklärten Essern zu erziehen. Mein Mann Michael ist seit achtunddreißig Jahren mein Geschmackstester und mein größter Fan. Ihm gilt meine ewige Liebe und Wertschätzung. Meine Eltern Pat und Jean Eboli haben mir die kulinarischen Grundlagen unserer italienischen Wurzeln mit auf den Weg gegeben und mich schon in frühen Jahren an die schönen Dinge des Lebens herangeführt. Meiner Mutter, einer exzellenten Köchin, danke ich, dass sie mir das Panieren beigebracht hat – meine erste Aufgabe in der Küche. Meinem Vater danke ich, dass er mir bereits als Kind gezeigt hat, wie man einen Hummer isst!

Mein herzlicher Dank geht an Jeannine Dillon und Erin Canning von Race Point Publishing: Jeannine, die mich mit ihrer Fachkompetenz darin unterstützt hat, mich selbst zu hinterfragen und meine Stimme in diesem Buch zu finden, und Erin, ohne die ich es nicht geschafft hätte, meine Botschaft zu Papier zu bringen. Mit ihnen zusammen dieses Kochbuch zu entwickeln, damit ist für mich ein Traum in Erfüllung gegangen.

ÜBER DIE AUTORIN

Die Köchin Giovannina „Gio“ Bellino ist schon seit Langem in der Gastronomie tätig. Sie ist Eigentümerin von Goddess Gourmet, einem Catering-Unternehmen auf Long Island, New York. Seit 2015 verkauft sie ihre Flavor Bombs™.

Flavor Bombs™ werden im US-Bundestaat New York genau wie die Aromabomben in diesem Buch in unterschiedlichen Geschmacksrichtungen aus rein natürlichen Zutaten hergestellt und frisch eingefroren. Sie sind in den USA im ausgesuchten Einzelhandel und unter flavorbombs.net erhältlich.

Mehr über Gio erfahren Sie unter goddessgourmet.com und sexfoodrockandroll.com. Sie können ihr auf Twitter (@goddessgio), Instagram (flavor_bombs) und Facebook (Flavor Bombs) folgen.